내가 좋아하는 것들 그릇

그릇

내가 좋아하는 것들

길정현 지음

스토리닷

엉망진창이 되더라도 포기하지 않고
계속 살아갈 수 있는 사람이었으면 좋겠다.
25쪽

세월이 흐르며 사람에게 주름이 생기듯
찻잔에도 빙열이 생긴다.

귀여운 디테일들이 자글자글 바글바글해
지루할 틈이 없다.
81쪽

실버 림이 둘러진 이 접시는 요즘 접시들이 추구하는 차분함과는
다소 다른 느낌의 차분함을 자아낸다.

88쪽

지금도 이 잔을 보면 포르투갈이 생각나고
더불어 그 시절도 생각나곤 한다.
101쪽

누군가의 생활을 묵묵히 함께 해주는 무언가가 있다는 것은
참으로 다행스러운 일이다.

107쪽

강제로 모난 부분을 열심히 깎아놓더니 이젠 개성이 없어 못 쓰겠단다.
그때나 지금이나 어느 장단에 춤을 춰야 할지 모르겠다.
113쪽

그중 내가 유독 귀여워하는 애는 넓적한 카푸치노 잔 한 가운데에
고양이가 들어앉아 있는 애다.

116쪽

어차피 살아야 한다면, 좋아하는 물건들과 오래도록 함께하고 싶다.
125쪽

빈티지 그릇은 대부분 택배 거래가 기본이다.
그 말인즉슨, 언젠가 한 번은 배송 사고가 난다는 뜻이기도 하다.

130쪽

마른 수건으로 물기를 깔끔하게 닦아두고
빨간 딸기를 잔뜩 올린 타르트를 만들었다.
137쪽

어쩌면 그것이야말로 내가 끝없이 그릇을 모으는 이유일지도 모르겠다.

혼자만 몰래 쓰는 컵의 가치란 무엇인가.
159쪽

이날은 이것에 기대어 살고, 다른 날은 저것을 덕질하며 버틸 수 있게 되면서
내 하루하루가 그럭저럭 괜찮아진다.

175쪽

차례

프롤로그
킨츠기(金継ぎ), 엉망진창이 되더라도
포기하지 않고 계속 살아갈 수 있는 사람 22

휘뚜루마뚜루
빌레로이앤보흐 부르겐란트 26

삼치 솥밥을 위하여
스타우브 라이스 꼬꼬떼 32

빙열과 함께 봉인
터키식 차이 세트 38

스뎅병에 걸렸어요
스테인리스 티 팟 44

내 취향 밖의 세계
르크루제 원형 접시 50

나의 첫 빈티지
아라비아 핀란드 로즈마린 56

그 물건의 쓸모
에그 스탠드 62

사람은 가도 물건은 남는다
로열 앨버트 레이디 칼라일 68

최소한 이 정도는
오벌 형태의 다양한 접시들 74

음유 시인의 따스함을 담아
빌레로이앤보흐 트루바두르 78

쉬이 사라지고 이후에 남는 것
차이나 펄 식기 세트 84

내 취향만으로 사는 것이 아닌 세상
레녹스 버터플라이 메도우 6인 세트 90

삶은 계속된다
델타 에스프레소 잔 96

오래도록 묵묵히 함께
젠 레이첼 바커 식기 세트 102

단순한 세계
쇼트즈위젤 와인잔 108

세상살이의 스펙타클함과 어려움
온느 씨의 스파냥 찻잔 114

나 자신을 가장 잘 돌볼 수 있는 사람
나의 차 도구들 120

사용할 수 없는 접시
로열 코펜하겐과 빙 앤 그뢴달의 연도 접시 126

**인간은 구질구질하고 추잡하고 치졸하고
치사하고 나약하고 또 악하다**
포트메리온 블루 하비스트 132

할머니와 송편
아코팔 할리퀸 6조 세트 138

다른 사람이 되어보는 일
파이어 킹 제디트 컵 앤 소서 144

그릇을 만들어보자
내가 만든 접시 150

허무는 공평하게
아라비아 핀란드 똔뚜 156

220개의 일회용 컵
나의 텀블러 164

좋아하는 것이 많다는 것
앤슬리 브램블리햇지 170

젖병의 세계
더블하트 유리 젖병 176

빈티지 그릇에 대한 Q&A 182

에필로그
당신에게 위로가 되는 것 188

프롤로그

킨츠기(金継ぎ), 엉망진창이 되더라도
포기하지 않고 계속 살아갈 수 있는 사람

이딸라(Iittala)의 무민 머그잔에 사약 같은 커피를 내려 마시며 이 글을 쓴다. 이 컵은 한국에 무민이 정식 발매되기 전에 일본에 먼저 오픈했던 정식 무민 숍에서 데려온 것이다. 그릇에 관해서라면 나는 그 어떤 것도 잊지 않는다.

그릇에 대한 애정과 관심은 줄곧 있었지만, 그 집중도가 정점을 찍었던 건 역시 팬데믹 시절이었던 것 같다. 외출이 어려워지고 집 안에서 고립되어 보내는 시간이 길어지는 것과 동시에 누군가를 만나 함께 뭔가를 먹고 마시며 이야기 나누는 행위 자체가 심적으로 부담이 되던 시절. 집구석에서 혼자 조용히 커피를 마시고, 술도 한잔하는 것이 더 마음 편했던 시절이 있었다. "같이 마실 사람이 없으면, 혼자서라도 술을 마십니까?"라는 질문에 대한 답을 두고 알코올 중독(혹은 의존) 여부를 판단하던 시절도 있었지만, 이때는 전 국민이 다 혼자 뭔가를 마시거나 먹던 시절이었다. 당시 #홈카페, #홈바, #홈스토랑 등의 해시태그가 SNS를 휩쓴 것에는 이런 시대적인 배경도 한몫했다고 생각한다. 그것 아니면 혼자 마시고 먹으면서 딱히 할 게 없으니까. 대다수 사람이 밖으로 돌던 에너지를 전부 집 안에 모아 쌓았던 시기였을까. 실제로 이 시기에 그릇을 비롯하여 실내 인테리어와 디자인 용품에 대한 수

요가 급증했다고도 한다.

'내가 좋아하는 것들' 시리즈의 책들이 다 그렇듯, 《내가 좋아하는 것들, 그릇》 역시도 누군가의 뾰족한 취향에 대한 모음집이다. 개인의 취향을 표현하는 방법은 여러 가지이고 그릇 또한 그중 하나다. 누군가는 그릇에 아예 무관심할 수도 있고 그까짓 게 무슨 취향씩이나 되느냐고 생각할지도 모르지만, 나는 그런 취향 또한 존중받아야 한다고 생각한다.

하지만 취향을 떠나, 그릇은 생각보다 우리와 가까운 존재다. 본인 밥그릇은 본인이 갖고 태어난다거나, 그 사람은 그럴 그릇이 못 된다거나, 심보가 아주 간장 종지 같다거나, 밑 빠진 독에 물 붓기라거나, 이미 깨진 접시는 다시 붙일 수 없다거나 하는 말들은 우리가 일상적으로 쓰는 말들이다. 특히나 깨진 접시는 깨진 마음에 곧잘 비유되는 표현이기도 하다. 정말 그럴까, 깨진 접시는 정말로 이어 붙일 수 없는 것일까.

그릇계에는 킨츠기(金継ぎ)라는 공예 기법이 있다. 킨츠기는 깨진 그릇을 옻으로 이어 붙이고 금가루로 그 이음새를 장식하는 방식을 통해 그릇을 되살리는 고도의 수선 작업이다. 킨츠기를 위해서는 깨어진 조각 하나하나를

조심스레 주워 모으고 다시금 조심스레 조립해야 한다. 대단한 정성이 필요하긴 해도 어쨌든 깨진 그릇을 킨츠기를 통해 되살릴 수 있다면 깨진 마음 역시도 가능성이 있지 않을까. 좋아하는 것을 붙든 채 포기하지 않고 계속 살아내면 가능성이 있지 않을까. 어차피 삶은 고단한 것이라 앞으로 살아낼 새털 같은 날들 동안 어려운 일은 계속 생길 테고 우리는 상처받은 채로 계속 살아갈 수밖에 없으니까. 어떤 날은 다 포기하고 싶지만 그건 그때의 기분일 뿐, 실제로 포기할 수 있는 것은 아무것도 없으니까.

사람을 사람답게 살 수 있게 하는 것은 아주 소소한 것들임을 배우고 있는 요즘, 나는 내가 그럭저럭 괜찮게 살고 있음을 실감한다. 아름다운 것을 아름답다고 인지할 수 있고, 그것의 소중함을 아는 것. 그것을 신줏단지처럼 모셔만 두고 벌벌 떠는 게 아니라 조심스럽게 사용할 수 있는 사람인 것. 설령 부서지더라도 킨츠기로 다시금 이어 붙일 수 있는 사람인 것. 나는 그런 태도로 이번 생을 살아가는 사람이다. 나는 당신도 그런 사람이었으면 좋겠다. 소중함을 알고 그 소중함에 기대어 살아갈 수 있는 사람이었으면, 엉망진창이 되더라도 포기하지 않고 계속 살아갈 수 있는 사람이었으면 좋겠다.

휘뚜루마뚜루

빌레로이앤보흐 부르겐란트

그릇장은 이미 포화 상태다. 인제 그만 사야지 하고 마음에도 없는 말을 해보지만 그럼에도 눈앞에 아른거리며 꿈에까지 나오는 경우라면 그 욕망에 굴복해 줄 필요가 있다. 그런 내 욕망을 자극하는 것은 대개 독일의 빌레로이앤보흐(Villeroy&Boch, 이하 빌보)다. 빌보인 것을 알고 수집하는 게 아니라 어쩐지 예쁜데? 어쩐지 마음에 드는데? 하고 보면 대개가 빌보였다. 말 그대로 취향 저격이다.

빌보 중에서는 맑은 노랑을 필두로 한 아우든(Audun) 라인이 가장 인기지만 그건 접시 얘기고 내 취향도 아니다. 난 주로 티타임에 쓰이는 애들 위주로 그러모았는데 그중 가장 자주 꺼내 쓰는 애들은 부르겐란트(Burgenland) 다. 아카풀코(Acapulco)도 가지고 있고 올드 암스테르담(Alt Amsterdam)도 가지고 있지만 부르겐란트에 가장 손이 많이 간다. 부르겐란트는 1930년대부터 70년간 생산되다가 2000년대 들어 단종된 라인으로 빌보의 스테디셀러이자 일명 독일의 국민 찻잔으로 통한다. 독일 시골의 전원 풍경이 그려져 있고 색상은 그린, 레드, 블루. 뒤로 갈수록 희소하다. 하지만 블루 계열은 이 라인에서만 희소할 뿐, 세상에는 블루 계열의 도자기가 워낙 많아서 처음부터 내 고려 대상이 아니었다. 현재 나는 그린과 레드로 각각 1조씩 가지고 있다.

생산 기간이 길다 보니 생산 수량이 제법 되는데도 워낙 찾는 이들이 많아 구하기가 은근히 어렵다는 게 특징이다. 그래서 '파잔(Fasan)'이라는 빌보의 다른 라인과 섞어 컬렉션을 만드는 경우도 제법 있다. 나 또한 디저트 접시와 컵, 소서는 부르겐란트로, 커피 팟은 파잔으로 들였다. 둘은 얼핏 보면 참 유사하다. 파잔은 1983년부터 1991년까지 생산되다 단종된 시리즈이니 부르겐란트보다는 훨씬 젊은 축에 들지만 두 라인 모두 그린, 레드, 블루 색상인 것도 유사하고 무엇보다 꽃 패턴이 같은 듯 다른 듯 몹시 닮아있다. 파잔이 독일어로 '꿩'이라는 뜻이어서 파잔 라인의 접시에는 꿩이 그려져 있다고 하는데 커피 팟은 원래 꿩이 없어 파잔임을 한눈에 알아보기가 쉽지 않기도. 다만 색감에 있어 똑같은 그린이나 레드여도 부르겐란트 쪽이 좀 더 따스운 느낌은 있긴 하다.

그렇지만 그건 정말 내 느낌일 뿐인지라 이 둘을 혼용하여 상을 차려도 섞여 있다는 사실을 단박에 알아채기는 힘들다. 이 둘을 구분하는 좀 더 객관적인 지표들이 있긴 하지만 그게 지금 내가 풀고 싶은 얘기는 아니니 생략하기로 하자. 내가 하고 싶은 얘기는 정작 내가 가진 애들의 문제는 다른 곳에 있다는 것이다. 분명 똑같은 부르겐란트인데 그린 색상과 레드 색상의 소서 사이즈가 다르다! 생산 공정상의 오차 수준이 아니라 완전히 별개의 물건처럼 차이가 난다. 생산 시기나 생산 공장 등에 따라 소서의 사이즈가 달라진 적이 있는 걸까? 아니면 색상마다 의도적으로 소서 사이즈를 다르게 만들었던 걸까? 둘 다 진품인 건 확실하므로 더 아리송하다.

물론 둘을 한 상에 함께 놓아도 아주 눈썰미 좋은 사람이 아닌 한, "소서 크기가 다르잖아!"라고, 알아챌 사람은 많지 않을 것이다. 그리고 그걸 알아챈다 한들 "소서 크기가 다른 컵을 아무렇지도 않게 같이 쓰다니 참 어지간하네!"라며 핀잔을 줄 사람도 있을 리 만무하다. 하지만 이미 그 사실을 알고 있는 나로서는 자꾸만 눈에 거슬린다. 진실을 알고 싶어도 이미 오래전에 단종된 물건이고 앤틱 마켓에서 구한 물건인지라 문의를 해볼 곳도 마땅찮다. 오랜 세월을 거쳐온 물건이니 분명 사연이 있을 것이고 그 사연이 빈티지의 재미일 텐데 딱히 알아낼 재간이 없다.

부르겐란트에는 새침데기 같은 케이크보다는 투박하

기 그지없는 호밀빵이나 숭덩숭덩 썰어낸 바게트 따위가 잘 어울린다. 샐러드처럼 여러 색감이 섞인 음식을 올리면 굉장히 정신이 없게 보인다는 게 단점인데 단순한 음식을 단출하게 올린다는 원칙만 지킨다면 휘뚜루마뚜루 쓰기에 아주 좋은 녀석이다. 지금 다시 생각해 보니 내 경우는 케이크를 먹는 일보다 호밀빵을 먹는 일이 더 일상적이기 때문에 유독 부르겐란트를 더 자주 쓰는 것일 수도 있겠거니 싶기도 하다. 아무튼 나는 부르겐란트의 그런 분위기가 정말 독일답다고 생각한다. 독일에서 각 잡고 살아본 적도 없는 주제에 내 맘대로 그렇게 생각한다.

 문득 아주 예전에 독일에서 사 먹었던 1유로짜리 돌빵이 생각난다. 그 시절 우리는 가방 하나에 유레일 패스 한 장만 덜렁 들고 스위스에서 독일로, 독일에서 오스트리아로, 오스트리아에서 체코와 헝가리로 향했었던, 말 그대로 겁 없는 청춘이었다. 그때의 우리 신분에 스위스의 물가는 살인적이었다. 난생처음 손에 쥐어본 알록달록한 스위스 프랑은 그 자체만으로도 아름다웠고, 아끼고 아꼈음에도 결국은 예산 초과였다. 지갑에 구멍이라도 뚫린 양, 물 한 병만 사 마셔도 돈이 줄줄 샜다. 물가에 대한 강박은 독일에 넘어오고 나서야 약간 숨통이 트였다. 내 팔뚝만 한 케밥과 카레 가루를 뿌린 소시지 등으로 끼니를 해결하며 스위스에서 뚫렸던 구멍을 메꿔 나갔다. 독일에서 오스트리아로 넘어갈 때는 돌빵을 먹었다. 돌처럼 단단해서 내 마음대로 돌빵이라고 불렀기에 진짜 이름은 여전히 모르는 내 기억 속의 빵. 크기도 심지어 내 머리 크기만 한 것이 무려 1유로였다. 덜컹대는 기차 안에서 가방 속에 넣어 둔 1유로짜리 돌빵을 아껴가며 조금씩 뜯어 나눠 먹었던 우리. 그때 그 친구는 해외 취업에 성공해 지금은 캐나다에서 매일 같이 팀홀튼 커피와 도넛을 먹고 산다. 그리고 항공사를 거쳐 작가가 된 나는 부르겐란트에 내가 직접 구운 키토빵을 올려 와구와구 먹는 어른이 되었다.

삼치 솥밥을 위하여
스타우브 라이스 꼬꼬떼

예전에는 그릇 욕심이 생기면 결혼할 때가 된 거라는 말이 있었다. 요즘 세상에는 '결혼할 때'보다는 '내 살림을 꾸릴 때'라는 말이 더 적절할 것 같기도. 내 그릇 욕심이 언제부터 시작되었는지 그 계기가 뭐였는지는 잘 기억나지 않는다. 결혼과 상관이 있는 것 같기도, 아닌 것 같기도 한데 이제 와서 그걸 명쾌하게 되짚는 것이 크게 의미 있는 행동 같지는 않다.

그릇 욕심이라 해도 다 똑같은 게 아니다. 그릇 욕심에도 단계가 있다. 사람마다 차이는 있지만 대개는 컵으로 입문(하물며 그릇에 별 관심이 없는 이들 중에도 스타벅스 시티 머그잔이나 브랜드별 맥주잔을 모으는 사람은 꽤 있다)해서 디저트용 그릇과 커트러리, 식기로 발전한다. 최종 종착지는 냄비와 팬이라는 게 이 바닥 정설. 냄비나 팬 같은 경우는 일단 하나하나의 크기가 크기 때문에 여기까지 욕망이 닿으면 어떤 집이든 주방이 순식간에 가득 찬다. 게다가 개개의 가격대도 만만치 않기 때문에 통장 잔고가 바닥나는 것이 눈에 보이기도 한다. 다행히 내 욕심은 아직은 거기까지 닿지는 않았고 티타임에 주로 쓰이는 것들 그 수준에 머물러있다. 그릇에 있어 나는 여전히 초급자, 소꿉놀이 수준이다.

그 와중에 내가 욕심부려서 사들인 냄비가 딱 하나 있다. 그것도 무려 밥을 짓는 일에 특화된 스타우브(Staub)의 라이스 꼬꼬떼(Rice Cocotte)다. 밥 짓기에 특화된 냄비가 따로 있다니! 이 세계는 얼마나 디테일한가! 나는 건강상의 이유로 평소에도 '밥' 위주의 식사를 하지는 못하는 사람이라 이게 웬 낭비인가 싶기도 한데 그럼에도 이 냄비를 들인 이유는 명확하다. 솥밥, 그중에서도 특히 삼치 솥밥을 해 먹기 위해서다.

한 번은 "이게 삼치라고? 상어 아냐?" 하는 말이 절로 나올 정도로 씨알이 굵고 커다란 삼치 한 마리를 특송으로 받았다. 촉촉하게 구워 먹으면 딱 좋을 통통하고 거대한 삼치. 하지만 생선을 굽는다는 것은 생각보다 품이 많이 드는 일이다. 뒤처리도 그렇고 온 집안 가득한 냄새를 빼는 일도 만만찮아 어지간히 큰마음을 먹지 않는 한, 선뜻 손이 가질 않는다. 그럼에도 귀찮음을 무릅쓰고 나름 열심히 구워 먹었는데 아무리 구워 먹어도 줄어들지를 않는 사태 발생. 급한 대로 토막을 쳐서 냉동실에 내버려두던 어느 날, 불현듯 '아예 간편하게 밥에 넣어버리면 어떨까?' 하는 생각을 하게 됐다. 인터넷에 찾아보니 역시나 삼치 솥밥이라는 메뉴가 있어 집에 있던 뚝배기를 활용, 그대로 따라 해봤는데 장엄하게 실패하고 말았다. 물 조절이 문제인지 불 조절이 문제인지 뚝배기의 문제인지 전부 다 문제였는지 모르겠지만 말 그대로 망해버렸다. 밥만 망한 게 아니라 뚝배기도 회생 불가 판정. 그렇게 삼치솥밥이 되려다 실패한, 지옥에서 온 듯한 비주얼의 무언가와 뚝배기는 함께 사이좋게 쓰레기장으로 갔다. 가뜩이나 좁아터진 냉동실에서 엄청난 지분을 차지한 상어를 째려보면서, "뚝배기밥이 아니라 솥밥이니까 역시 솥이 있어야겠어!"를 외치며, 그 즉시 진지한 태도로 솥 검색에 임했다. 세상에는 돌솥도 있고 스테인리스솥도 있고 무쇠솥도 있고, 심지어는 모양만 무쇠솥이고 실제로는 전기로 작동되는 애도 있다. 그 제각각의 경우에 또 브랜드도 다양하고 크기도 다양하고 색상도 다양하다. 문자 그대로 솥들의 홍수. 대부분은, 물건은 없어서라기보다는 너무 많아서 탈이다.

 그 와중에 내 눈길을 사로잡은 것은 이미 많은 사람이 솥 대용으로 사용하고 있는 스타우브의 라이스 꼬꼬떼였다. 크기는 2~3인용의 작은 사이즈, 색상은 회색으로 골랐다. 몇 번의 검색을 통해서, 그리고 내가 아닌 남의 경험에 미루어 알 수 있는 것들은 대개 얄팍한 수준의 내용들이라 알면 알수록 더 헷갈린다. 온라인 쇼핑에 있어 이미 수없이 많은 실패를 겪어본 내 촉을 믿고 최대한 빠르게 결정하는 것이 정신 건강에 이롭다. 촉이라는 것은 나의 지난 인생을 거치며 성실하게 꼬박꼬박 축적해 온 나만의 빅데이터에 기반하는 것이라 그 누구의 의견보다 정확할 때가 많으니까. 특히 '왜 슬픈 예감은 틀린 적이 없나?' 하는 유행가 가사까지 들먹이지 않더라도 특유의 싸한 느낌은 대개 잘 들어맞는다. 의외지만 정말 그렇다. 그래서 나는 늘 '싸함은 과학이다!'를 외치곤 하는데 이번에도 내 촉을 믿어보기로 했다. 솥밥을 위해 실컷 솥을 검색해 놓고는 솥 대신 주물 냄비를 택한 나의 결정은 과연 어떤 결과를 낳을 것인가!

깜찍한 비주얼을 한 엄청난 무게의 주물 냄비를 전달받자마자 기름으로 가볍게 시즈닝을 한 후 바로 삼치 솥밥에 재도전을 해봤다. 불린 쌀과 다진 표고버섯을 냄비에 넣고 물양을 맞춘 뒤 뚜껑을 연 채로 된장과 맛술로 만든 소스를 가볍게 바른 삼치를 올려 센불로 끓인다. 생선 비린내를 날리기 위해 초반에는 뚜껑을 열고 끓이는 것이 포인트! 보글보글하기 시작하면 뚜껑을 닫고 5분 더 끓인 후 약불로 줄여 10분. 뚜껑이 달그락거리다 못해 들썩거

렸던 뚝배기와 달리 이쪽은 무척 고요해서 내내 불안하기 짝이 없었는데 의외로 단번에 성공했다. 초심자의 행운인 걸까, 아니면 장비빨인 걸까? 어쨌거나 요 냄비는 일반 냄비에 비해 본체의 높이가 높아 웬만해선 밥물이 끓어 넘치지 않는 데다가 끔찍할 정도로 무거운 주물 뚜껑이 위에서 꾹 누르고 버텨주니 한결 더 든든하다. 버튼만 누르면 알아서 다 해주는 전기밥솥과 달리 냄비는 중간중간 불 조절을 해줘야 해 쉬이 그 앞을 떠나기가 어렵지만 손이 더 가는 만큼 '정말로 내가 한 밥'이라는 느낌이 든다.

버튼 하나로 쉬이 되는 밥을 먹는 날도, 혹은 그것조차 힘들 때는 전자레인지로 뚝딱 돌려 2분이면 완성되는 즉석밥을 먹는 날도 모두 좋지만 가끔은 이렇게 밥 자체에 힘을 주는 것도 좋다. 밥에 힘을 준 날엔 반찬이나 국에 힘을 뺀다. 밥상이 단출해지고 그만큼 설거짓거리도 줄어드니 그것도 좋고.

냉동실을 차지한 상어(?)가 사라지는 그날까지, 라이스 꼬꼬떼야, 힘을 내줘!

빙열과 함께 봉인

터키식 차이 세트

그 나라의 그릇에는 그 나라의 분위기 같은 것이 담겨 있다고 믿기에 나는 기회가 될 때마다 그 동네 그릇 가게를 구경하고 마음에 드는 것은 끝끝내 이고 지고 귀국한다. 여행을 기념하며 누군가는 마그넷을, 누군가는 엽서를 사 오겠지만 나는 그 동네 그릇을 사 들고 오는 것이다. 비단 그릇이 아니어도 여행이나 출장길에 만난 물건에 있어 다음이란 없고 후회만 있기에 눈에 들어오는 것은 일단 쟁이는 것이 심신에 이롭다. 그렇게 스쳐 보낸 그릇을 끝끝내 잊지 못해 한국에 돌아와 똑같은 물건을 찾아 밤낮없이 이베이를 뒤지고 어마어마한 해외 배송료를 물 바에야 이쪽이 훨씬 낫다. 가끔 이용자의 동선이라고는 눈곱만큼도 배려한 것 같지 않은 미로 같은 공항에서 '그냥 버리고 갈까' 하며 현타가 올 때도 있지만 그런 괴로움은 일단 귀국만 하고 나면 금방 잊힌다. 괴로움은 짧고 만족감은 길다. 때로는 그 괴로움조차 추억이 되기도 한다.

화려한 컬러와 무늬의 폴란드 그릇이 한국에서 한때 유행했다. 터키 그릇은 이와 비슷한 듯하면서도 또 다른데 그 화려함에 있어 내 취향은 폴란드보다는 터키 쪽이다. 그 화려함에 매료된 나는 이스탄불에서부터 '차이단륵(Çaydanlık)'이라고 부르는 터키식 찻주전자와 터키의 국화(國花)인 튤립의 형상을 닮은 찻잔, 그리고 이슬람 특유의 기하학적 무늬를 뽐내는 커피잔 세트를 짊어지고 오며 진심으로 울 뻔했다. 심지어 비행기도 한번 놓치는 바람에(다행인지 불행인지 내 잘못으로 놓친 것은 아니었다) 그걸 끌어안고 공항에 왔다 갔다를 두 번이나 했다.

차를 일상적으로 마시는 나라는 많지만, 그 어떤 나라도 터키에 견줄 순 없다. 터키는 세계에서 차를 가장 많이 마시는 나라(1인당 연간 차 소비량 7kg 이상)이자 어딜 가든 묻지도 따지지도 않고 일단 차 한 잔을 내어주는 나라다. 낯선 사람이 주는 것을 함부로 먹으면 안 된다는 것은 우리 딸도 아는 기본 상식이지만 이 동네에서는 시장을 한 바퀴 돌자면 공짜 차를 10잔은 마실 각오를 해야 한다.

터키식 홍차는 '차이(Çay)'라고 부르는데 이 차이는 터키가 아닌 다른 곳에서는 잘 만날 수 없고, 찻주전자도 찻잔도 생소한 형상이라 몹시 이국적이다. 이런 쪽에 욕심이 있다면 분명 짊어지고 올 결심을 하게끔 생겼다. 차이 단특은 쉽게 말해 2단 찻주전자인데 위쪽의 작은 찻주전자에 찻잎을 우수수 넣고 아래쪽의 큰 찻주전자에는 물을 넣고 끓이는 식으로 사용한다. 아래에서 물이 끓으면서 위쪽의 찻잎이 슬쩍 쪄지는 듯한 상황이 되는데 이후 아래 찻주전자의 뜨거운 물을 위 찻주전자에 부어 차를 우린다. 그리고 다시 두 찻주전자를 합체시킨 채, 약불로 10분 정도 뜸을 들인다. 찻잎 자체를 펄펄 끓이는 것은 아니어도 이 방식으로 차를 우리면 차가 마치 엑기스처럼 굉장히 진하게 우러나는데 위쪽 찻주전자의 차 엑기스를 찻잔에 따르고(거름망 같은 것은 사용하지 않는다), 아래쪽 찻주전자의 뜨거운 물로 적정 농도를 맞추면 차이가 완성된다.

이제 살펴볼 것은 터키식 찻잔. 찻잔 특유의 유려한 곡선은 분명 튤립의 형상이다. 이는 터키의 국화가 튤립이기 때문이기도 하지만 차이를 마실 때 찻잎이 입속으로 덜 딸려 오게 하려는 목적, 그리고 차가 천천히 식도록 하려는 목적도 있다고 한다. 터키식 찻잔은 보통 유리나 도자기로 되어있어 갓 우린 차이를 부으면 엄청나게 뜨거워지는데 이 동네는 '뜨거운 것을 잘 만져야 진짜 남자'라는 인식이 있어 대부분의 남자들은 이 뜨거운 걸 아무렇지 않은 척하며 들고 마신다. 물론 너무 뜨거우니 중간중간 찻잔 받침에 내려놓아야 해 받침은 필수. 누가 봐도 이방인인 게 분명해 보이는 내가 찻잔을 만지며 뜨겁다는 내색을 하면 그 동네 사람들에게 큰 웃음을 줄 수 있다. 꿀팁은 찻잔 위쪽까지 차를 너무 꽉 채우지 않는 것이다.

    이스탄불 시장통의 한 그릇 가게에서 숙고 끝에 짊어지고 온 차이단특과 찻잔으로 그간 혼자만의 터키식 티타임을 종종 즐겨왔다. 터키식 디저트로 대표되는 터키쉬 딜라이트('로쿰'이라고도 부른다)와 머리가 아플 정도로 극히 강한 단맛을 자랑하는 피스타치오 파이, 바클라바(페이스트리가 100겹은 될 듯하다. 나의 최애 디저트 중 하나다) 등도 한국에서 마음만 먹으면 이제는 그다지 어렵지 않게 만날 수 있게 되면서 나의 터키식 티타임은 꽤 탄력을 받았다. 그런데 어느 순간 찻잔 안쪽에 심각하다 싶을 정도로 빙열이 생겼다. 그것도 하나만 그런 게 아니라 세트에 포함된 4개의 찻잔이 전부 다!

    빈티지를 수집하는 사람들 사이에서도 빙열에 대한 의견은 분분하다. 빙열은 우리가 빈티지 제품의 컨디션을 논할 때 흔히 언급되는 칩(chip, 이 빠짐)이나 크랙(crack, 도자기 자체가 금 감)과는 다른 것이다. 빙열은 도자기 자체는 문제가 없으나 도자기에 바른 유약 부분에 금이 간 것이다. 유약이 갈라진 틈으로 찻물이 스며들며 박테리아, 세균 등이 번식할 수 있어 비위생적이라고 보는 견해도 있고 찻잔이 노화해 가는 자연스러운 과정으로 보는 견해도 있다. 빙열 사이사이에 찻물이 든 찻잔을 지저분하다고 보는 사람도 있고 다도(茶道)의 일부로 받아들이는 사람도 있다. 분명한 점은 세월이 흐르며 사람에게 주름이 생기듯 찻잔에도 빙열이 생긴다는 점. 그리고 빙열이 생겼다 해도 당장 찻잔 자체가 박살이 나는 것은 아니기 때문에 사용을 계속할지, 장식용으로만 둘지, 아니면 아예 처분을 해버릴지를 오롯이 내가 선택해야 한다는 점이다. 개인적으로는 빙열이 비위생적이라면 얼마나 비위생적일까, 그렇다면 내 집 주방은 과연 위생적인가를 생각하지만, 거미줄처럼 자글자글하게 금이 간 모양새가 시각적으로 좀 징그럽게 느껴져서 결국은 그릇장 깊은 곳에 넣고 봉인을 해버렸다.

    찻잔을 사용할 수 없게 되자 차이단륵에도, 차이 자체에도 흥미가 식어 한동안 터키식 티타임을 잊고 살다가 최근 국내에 정식으로 유통되는 터키식 유리 찻잔이 우연히 눈에 띄어 이 아이를 구매하고 다시금 상을 차려봤다. 여전히 좋군, 내가 이걸 잊고 살았군 싶은 감상. 터키에 살고 있는 친구에게도 오랜만에 연락을 한번 해봐야겠다.

스뎅병에 걸렸어요
스테인리스 티 팟

나는 꽤 오래전부터 '스뎅병'에 걸렸다. 스뎅은 보통 스테인리스를 일컫지만, 내가 말하는 스뎅병은 꼭 스테인리스만을 의미하는 것은 아니고 주석, 실버 등 은빛이 나는 금속 식기들을 모두 포함하는 욕심이다. 꼭 고급스럽고 우아하게 빛나는 고고한 실버웨어가 아니어도 상관없다. 골드에는 그런 욕심이 안 드는데 희한하게 실버만 보면 그렇게 탐이 날 수가 없다. 즉, 나의 스뎅병은 은빛으로 빛나는 대상에 대한 일종의 상사병이라고 할 수 있다.

프랑스였나 이탈리아였나 아무튼 출장 때문에 머물렀던 호텔에서 아침 식사를 하던 중 스테인리스로 된 조그만 주전자(아마 밀크 팟이나 티 팟이었을 듯하다) 두 개를 서빙받은 적이 있다. 주전자 하나엔 블랙커피가, 또 다른 하나엔 따끈하게 데운 우유가 담겨있었는데 그 깜찍함에 순간 넋을 놓고 말았다. 디자인도 디테일이랄 것도 없는 비주얼의 아주 평범한 스테인리스 주전자. 깨끗하게 닦여 반짝거리는 두 개의 작은 주전자. 그 반짝임은 새 물건이 주는 완벽한 깔끔함이 아니라 많은 사람의 손을 거치며 반질반질 닳았지만 그럼에도 여전히 건재한, 일종의 견고함과 이어지는 맥락의 반짝임이었다.

얘만 있으면 집에서도 유럽 호텔 조식 느낌을 낼 수 있겠다! 하는 생각(좀 과장하자면 나는 호텔 조식을 먹으려고 여행 가방을 챙기는 사람이기도 하다)이 들어 바로 비슷한 애를 찾아 나섰지만, 그런 물건을 찾기는 의외로 쉽지 않았다. 업소가 아닌 이상, 보통 이런 물건을 돈 주고 사지는 않기 때문일까? 아주 독특한 디자인이라거나 하는 것들은 가게에 은근히 있었지만, 호텔 식당에서 만났던 평범하고 뻔한 물건은 어디에도 없었다. 그렇게 손품과 발품을 팔다 결국 포기하게 됐다.

실제로 스테인리스로 된 식기를 집에 들이게 된 것은 아이 이유식을 시작하면서부터였다. 정확히는 식기가 아니라 편수 냄비였지만. 뭐가 됐든 간에 스테인리스 제품은 사용 전에 무조건 연마제 제거를 해줘야 한다는 조언을 듣고 난생처음 연마제 제거라는 일도 해보게 됐다. 이런 부류의 물건들은 제작 과정에서 연마제를 사용하게 되는데 이 물질이 암을 유발할 수 있어 반드시 이 부분을 깔끔하게 닦아내고 사용해야 한다고 한다. 인터넷에서 많은 사람들이 시키는 대로 종이 행주에 기름을 묻혀서 냄비를 닦아보니 정말 눈에 보이지 않던 시커먼 뭔가가 묻어나온다. '이날 이때까지 내 손으로 연마제를 닦아낸 기억이 없는데, 그러면 이 시커먼 물질을 다 내가 먹어서 없앴다는 거야?' 하는 생각이 닿자 뒤늦게 어이가 없다. 우리 엄마도 연마제가 뭔지 아예 모르는 눈치인 걸로 봐서 평생토록 우리 가족 모두가 연마제를 먹어온 듯한데, 모르면 몰랐지, 알게 된 이상 사활을 걸고 깨끗하게 닦을 수밖에 없다. 더군다나 돌도 안된 아이 입으로 들어갈 것 아닌가!

냄비에 묻은 기름을 주방 세제로 씻어낸 후 베이킹 소다를 탄 물을 냄비에 가득 담아 펄펄 끓여 버린다. 다음은 구연산을 탄 물로 똑같이 한다. 이렇게 하면 1회 세척 완료. 연마제 제거의 한 사이클이 끝난 것이다. 종이 행주에 기름을 묻혀서 냄비를 다시 닦아본다. 처음보다 덜하긴 하지만 여전히 시커멓다. 시커먼 것이 묻어나오지 않을 때까지 몇 번이고 이 작업을 반복하는 것이 바로 연마제 제거다. 어렵지는 않다. 아주 지리한 작업이라는 것만 빼면.

연마제 제거는 보통은 서너 사이클 정도 반복하면 끝이 난다. 소비자에게 이렇게나 힘든 일을 시키다니, 애당초 연마제를 다 닦아내고 판매하면 되는 거 아닐까 싶지만, 관련 규정이나 규제가 없어 생산자가 그렇게 수고스러운 행위를 할 이유도 없고, 또 어느 정도 연마제가 묻어 있어야 광택이 더 좋아 보이는 효과도 있다고 한다. 아마 오프라인에서는 그래야 더 잘 팔리기도 할 테니까. 어차피 뭔가를 사면 무조건 처음에 한 번은 닦고 사용할 테니 연마제도 첫 설거지 때 주방 세제만으로 편하게 닦인다면 좋을 텐데, 그런 연마제는 세상에 없는 걸까? 아마 없으니 다들 이런 품을 들이고 있겠지만.

연마제를 닦아내는 일이 너무 성가시다 보니 덩달아 내 스뎅병도 약간은 식었다. 예쁨에는 본래 고통이 따르는 법이라지만 주방에서도 그럴 줄이야! 뒤늦게 스뎅의 실체를 알게 됐달까. 대신 요즘은 직접적으로 입이 닿지 않는 부분에만 '스뎅'으로 장식을 한 애들에 눈길이 간다. 이를테면 주석으로 디테일을 잡아주는 이탈리아의 코지 타벨리니(Cosi Tabellini) 같은 것들이다. 하지만 가격도 끔찍할 정도로 비싸고 그 비싼 와중에도 몇 달을 기다려야 겨우 살 수 있다고 하니 이래저래 구매 욕구가 사라진다. 어디선가 주워들은 이야기로는 애당초 주석 자체의 가격대가 높기도 하고, 수요는 많지만, 공급은 원활하지 않아 가격이 비쌀 수밖에 없는 구조라고 한다. 심지어 카피 제품을 만드는 것조차 쉽지 않다고 하니 기약은 더더욱 없다.

최근에 내가 그리도 찾아 헤매던 뻔하고 평범한 모습

의 스테인리스 미니 티 팟을 구했다. 힘을 빼고 시간이라는 파도에 몸을 맡긴 채 하루하루를 살다 보니 어느새 내 눈앞에 등장한 것이다. 아마 이제는 나 같은 바람을 가진 소비자가 늘어났고 이런 뻔한 물건도 상품성이 있다고 재평가를 받은 게 아닐까 싶다.

내 취향 밖의 세계
르크루제 원형 접시

기본적으로 그릇은 깔끔하고 차분한 것이 좋다. 무엇을 담아도 어울리고 담긴 것을 더 돋보이게 한다. 개인적으로는 단출하면서도 기품 있는 느낌을 선호하지만, 이 둘이 공존하는 영역은 정말 고급스러운, 고차원의 영역이다. 보통은 단순하면 심심하고, 심심하다 못해 지루하고, 지루함을 넘어 무성의해 보이기 십상이라 이런 것들을 모두 뛰어넘는, 바로 이거야! 싶은 물건을 만나기가 쉽지는 않다.

 심심함과 단출함은 깻잎 한 장 차이어서 같은 물건을 보고도 누군가는 심심하고 재미없다 하고 누군가는 심플하고 고급스럽다고 느낀다. 그 깻잎은 사람마다 달라서 세상에는 그릇이 많기도 많다. 세상에 그릇이 이렇게나 많은데, 그중 네 맘에 드는 게 과연 단 하나도 없을까? 네가 뭘 좋아할지 몰라 전부 다 준비해 봤어! 하는 느낌이랄까. 도리어 너무 많아서 그중에서 내 마음에 쏙 드는 깻잎을 찾기까지는 시간과 돈과 노력을 꽤 들여야 한다. 이 깻잎도 괜찮아 보이고 저 깻잎은 처음엔 별로 같았는데 자꾸자꾸 보다 보니 은근히 마음에 들고. 그렇게 고생 끝에 겨우겨우 내 깻잎을 찾아도 살다 보면 내 취향이 변하기도 한다. 분명 마음에 쏙 들었는데 나이를 먹고 다시 보니 이제는 별로인 듯싶어지기도 하는 것이다.

그래도 가끔은 '이대로 정말 괜찮은가?' 하는 생각을 하게 된다. 허여멀건 접시를 테이블 위에 주르륵 늘어놓으며 "하얀색이라고 다 같은 하얀 색이 아니야, 하늘 아래 똑같은 화이트란 건 없어!" 해봐야 분명 어쩔 수 없는 하얀 접시다. 그 와중에 색이 있어 봐야 물감을 딱 한 방울 떨어트린 듯한 은은한 미색이나 회색, 옥색 정도다. 어쩌면 색이라기보다는 톤이라고 표현하는 것이 맞을 수도 있다. 똑같은 화이트여도 쿨톤의 화이트와 웜톤의 화이트에 미묘한 차이가 있듯, 그 정도의 차이랄까. 조금 둔한 사람이 본다면 분명 "이건 다 똑같잖아!"라고 할 것만 같다.

어느 날은 같이 작업했던 출판사 대표님에게 강렬한 컬러의 르크루제(Le Creuset) 대 접시 두 장을 선물로 받았다. 르크루제란 특유의 색감과 두툼한 그립감, 그리고 그에 걸맞은 육중한 무게감으로 대표되는 녀석이기에 내 의지로는 절대 우리 집에 들어올 일이 없는 녀석이다. 르크루제의 세 가지 특징 중 그 무엇 하나도 내 취향이 아니다. 그중 르크루제의 색감은 그 자체만으로 이미 르크루제의 정체성이나 진배없다. 쨍한 것도 아니면서 탁하거나 파스텔스럽지도 않고 말 그대로 정직하다. 빨강에도 벽돌

색을 한 방울 탄 것 같은 빨강이 있고 다홍 같은 빨강도 있고 채도를 한 톤 낮추거나 높인 빨강도 있을 수 있는데 르크루제의 빨강은 진짜 그냥 순수한 빨강이다. 우리가 빨강이라고 하면 곧바로 떠올릴 바로 그 빨강이 르크루제의 빨강이고 르크루제는 이런 색감을 내는데 능하다. 빨강만 그런 게 아니라 모든 색상에 있어서 다 그렇다. 그러면서도 야하다거나 유치하다거나 촌스럽지 않으니 어떤 의미에서는 참 대단한 물건이다. 어쨌거나 내 의지와 상관없이 르크루제의 정직한 주황과 정직한 연두 접시가 한 장씩 생겼다. 반으로 가른 베이글 위에 크림치즈를 살짝 바른 후 루꼴라와 훈제 연어를 올리고 아보카도까지 올린 오픈샌드위치를 만들어 연두 접시에 담아봤더니 꽤 산뜻하다. 사진을 찍어 인스타그램에 올리니 아보카도와 색깔을 맞춘 것 같다며 반응도 무척 좋았다. '우리 집 주방에도 강렬한 색감의 무언가가 생겼군' 싶어 금세 간질간질한 기분이 되었다. 깨끗이 씻어 접시꽂이에 올려보니 흰 접시들 사이에서 역시 독보적으로 눈길을 사로잡는다.

요란 뻑적지근하게 주방이 알록달록해지는 것을 원치는 않으니 이런 컬러의 식기를 내 손으로 더 늘릴 일은 당분간 없겠지만 가끔은 이런 것도 괜찮을지도? 하는 생각을 해봤다. 그릇이란 본래 호불호를 심하게 타는 물건인데, 내 취향과 거리가 있다고 느꼈던 물건이 의외로 괜찮을 때도 있다는 점이 새삼스럽다.

어찌 보면 취향이라는 것은 일종의 감옥이기도 하다. 놀랍게도 이 감옥은 수많은 정보와 이미지들이 넘쳐나는 온라인에서도 여전히 유효하다. '알고리즘'이라는 이름으로 불리는 이 감옥은 수많은 물건 사이에서 어느새 내 취향에 맞는, 그리하여 비슷비슷할 수밖에 없는 물건들만 골라내어 나에게 매일 같이 보여준다. 정보의 바다라고들 하지만 실제로 내 앞에 보이는 것은 세숫대야만큼도 되지 않고 나는 그 세숫대야에서 또 고작 한 줌의 물을 퍼 올리는 게 전부이다. 알고리즘 안에서 벌어지는 선택은 대개 안전하다. 때때로 실패할 수도 있지만 크게 실패할 일은 없다. 마찬가지로 성공해도 크게 성공할 일이 없다.

하지만 안정권 안에서의 선택은 의외의 것이 주는 신선함, 새로움에 기반한 즐거움을 원천 차단하기도 한다. 집 앞 카페에서 생전 처음 듣는 노래가 단번에 좋아졌을 때, 평소의 나라면 펼쳐보지 않았을 작가의 책을 뭔가에 홀린 양 훑어보고 순식간에 그 작가의 팬이 되었을 때, 그때 그 마네킹에 걸려있지 않았다면 세상에 존재하는 줄도 몰랐을 그 카디건을 입어보았는데 찰떡같이 어울릴 때, 우연히 버스 옆자리에 앉았던 이의 뾰족구두가 유독 예뻐 보여 민망함을 무릅쓰고 '이 구두는 어디서 사신 거예요?'라며 말을 걸 때, '세상에 이런 게 있었어? 그동안 나만 몰랐던 거니?' 하며 나의 작은 세계는 깨어진다. 이는 모두 우연한 발견에서 시작한다. 우연한 발견이란 감옥의 바깥에서만 벌어질 수 있는 일들이다. 감옥 바깥에 더 넓고 매혹적인 세상이 있음을 알게 해주는 것은 역시나 사람일 수밖에 없다는 사실을 나는 예상치 못했던 접시 두 장을 통해 깨닫는다.

나의 첫 빈티지
아라비아 핀란드 로즈마린

벌써 아주 오래전 일인데 나는 빈티지를 아라비아 핀란드(Arabia Finland)로 시작했다. 남이 쓰던 물건을 사고파는 중고 거래는 그전에도 이미 흔했기 때문에 빈티지에 별 반감은 없었다. 심지어 이때는 누군가 먹다 남긴 허니버터칩도 중고 거래가 되던 시절이었으니 남이 쓰던 컵이나 그릇을 사는 것은 비교적 무난한 일이라고도 생각했다. 다만 빈티지는 해외 현지에서 바이어가 국내로 보내주는 과정에서 해외 배송이라는 관문을 거칠 수밖에 없다 보니, '굳이 그렇게까지 해야 하나? 빈티지가 아니어도 세상에는 예쁜 그릇이 넘쳐나는데?' 하는 정도의 생각만 했었다. 익일 배송이 당연하고 품목에 따라 당일 배송도 가능한 인프라를 당연하게 누리며 살다 보니 열흘에서 2주, 심하면 몇 달이 될지 감히 가늠할 수 없고, 중간중간 내 물건이 어디까지 왔는지 확인이 안 되는 경우도 허다한, 정녕 믿고 기다리는 것밖에는 할 수 없는 해외 배송 시스템을 감내할 자신이 없기도 했다. 나는 뼛속까지 J형인 인간. 내가 통제할 수 없는 일이 벌어지는 것을 견디지 못한다. 하지만 해외 배송은 이런 일이 벌어질 가능성이 상대적으로 높을 수밖에 없으니까.

어느 봄날, 문득 따뜻한 카푸치노를 한 잔 마시고 싶

어 불쑥 카페에 들렀다. 당시 나는 일본 오카야마에 머무르고 있었다. 말 그대로 불쑥 들른 거라 유명한 카페도 아니었고 커피값이 비싼 곳도 아니었다. 카페 규모도 작았다. 오래된 상가 건물 2층에 자리한 평범한 카페였는데 창밖으로 싱그러움을 뽐내는 가로수들을 구경할 수 있다는 게 특징이라면 특징일 수 있는 그런 곳이었다. 하지만 정작 그날 내 눈길을 사로잡았던 것은 카푸치노도, 창 밖의 가로수도 아닌 커피잔이었다. 적당한 그립감과 무게감. 입술에 닿는 느낌도 두께도 편안한 커피잔. 수수한 듯, 투박한 듯하면서도 은근히 세련된, 칙칙하지 않으면서 그윽하고 고급스러운 갈색톤의 붓 터치까지. 이거 완전 내 스타일인데? 재빨리 소서를 뒤집어봤다. 그릇 뒷면을 뒤집어보면 아줌마가 다 된 거라는 말은 그때도 있었지만, 아줌마든 뭐든 그릇 덕후에겐 이 커피잔의 이름을 알아내는 것이 더 중요한 일이니까.

그간 말로만 듣던 북유럽 스톤웨어의 대표주자, 아라비아 핀란드의 로즈마린(Rosmarin, 로즈마린은 핀란드어로 로즈메리를 뜻한다)이었다. 이 라인을 실물로 본 것은 이때가 처음이었는데 그간 사진 속에서 보던 것보다 실물이 훨씬 예뻐 진심으로 한눈에 반했다. 특유의 차분하면서도 따뜻한 느낌이 사진에는 잘 담기지 않는 듯한데 어쨌거나 로즈마린 라인은 아라비아 핀란드의 도자기 디자이너인 'Ulla Procope'가 디자인한 제품으로 루이자(Raija), 아네모네(Anemone)와 함께 아라비아 핀란드의 인기 라인이다. 통통한 브라운 꽃을 핸드 페인팅(핸드 페인팅 특성상 모든 제품에 조금씩 차이가 있다. 뒷면에 아라비아사의 로고와 디자이너인 'Ulla Procope'의 이니셜, 그리고 도기화가의 이니셜이 사인되어 있는데 패턴의 디테일까지 챙기고 싶다면 내 취향인 도기화가의 사인이 새겨진 물건인지 확인하고 들여야 한다)으로 농담 조절하여 수채화답게 번진 느낌이 매력인데 1961년부터 1972년까지 생산된 후 단종되어 현재는 빈티지가 아니면 구할 수가 없는 물건이다.

빈티지 시장 안에서 대략적인 가격대가 형성되어 있기는 하지만 일단 단종이 된 애들은 기본적으로는 부르는 게 값이다. 나는 이런 잔을 아무렇지 않게 영업장에서 사용하고 있다는 그 사실 자체에 적잖은 충격을 받았다. 레스토랑이나 카페에서 예쁜 티스푼이나 작은 포크 등이 곧잘 없어진다는 이야기를 들은 적이 있는데 이런 커피잔은 괜찮은 걸까? 너무 커서 몰래 가방에 넣기는 어려우니까? 고의가 아니어도 만약 손님이 실수로 깨트리기라도 하면?

칼 같이 변상을 받을까? 대체 얼마를 변상하라고 할까? 등 찰나의 순간에 온갖 생각이 다 들었다. 내가 마치 이 카페 사장이기라도 한 양. 카페 사장으로 갑자기 빙의해 버린 나 자신! 그렇다, 나는 언제나 그릇에 진심인 사람인 것이다.

이후 바이어를 통해 전달받아 내 것이 된 로즈마린은 더욱 사랑스러웠다. 나는 그 카페에서 내어줬던 것과 똑같은 형태의 물건을 찾아서 구했다. 그건 알고 보니 커피잔이 아니라 찻잔이었다. 커피잔은 컵의 지름이 더 작고 높이는 더 높은, 다소 머그잔 같은 형태고 찻잔은 상대적으로 지름이 더 크고 높이는 더 낮다. 기본적으로 차는 향이 중요해 향이 잘 발산될 수 있도록 잔을 넓적하게 만들고, 찻잎에서 우러나는 수색을 감상하는 것도 찻자리의 즐거움 중 하나이다 보니 이를 명확히 볼 수 있어야 해 잔의 깊이도 얕은 경우가 많다. 잔 안쪽에 무늬가 있는 경우도 대개 찻잔이다. 진한 커피를 담으면 어차피 잔 안쪽 무늬는 확인이 안 될 테니까. 물론, 이건 이론적으로 그렇다는 것일 뿐 어떤 형태의 잔에 무엇을 마시는지는 전적으로 나의 자유다. 커피잔에 차를 마시는 날도 있고, 널따란 찻잔에 커피를 한가득 마시는 날도 있다. 어떤 날은 머그잔에 무려 소주를 마실 때도 있다. 그날그날의 컨디션과 기분에 맞춰 선택할 수 있다면 나는 그걸로 되었다. 그걸로 충분하다고 생각한다.

차분한 회색과 갈색이 잘 어우러진 로즈마린은 그 색감 덕분인지 가을에 잘 어울린다는 평이 대세지만 나에게 있어서는 여전히 봄날에 어울리는 잔으로 기억된다. 잊고 살다가도 나무들에 초록 순이 올라오기 시작하면 그때 그 카페가 다시금 생각이 나 꼭 한 번은 꺼내어 사용하게 된다. 어떤 계절은 그릇으로 기억되기도 하는 듯싶다.

덧붙이는 말 빈티지는 누군가가 아주 예전에 구입해 보관만 했든, 실사용을 했든 어쨌거나 사용감이나 세월의 흔적이 있을 수밖에 없어 새 물건 특유의 느낌을 좋아하는 이들이라면 품기가 어렵다. 즉, 빈티지는 무조건 흠이 있고, 그 흠까지 사랑할 수 있어야 들일 수 있는 물건인 셈이다. 또한 이런 물건들은 내가 원한다고 그 즉시 가질 수 있는 게 아니라는 점도 그 특별함을 배가시키는 데 한몫하는 듯하다. 요즘 세상에 돈만 있으면 웬만한 건 다 즉시 소유할 수 있지만 빈티지는 그렇지 못하니까.

그 물건의 쓸모
에그 스탠드

앞서 커피잔에 차를 마시든 찻잔에 커피를 마시든 그건 본인의 자유라고 쿨한 척하며 잘도 썼다. 그렇지만 그건 컵을 컵으로 쓴다는 대전제는 지키는 안에서의 자유다. 컵을 대신하여 밥그릇에 물을 마신다든가 하는 일은 나 스스로 절대 용납이 안 된다. 사실 스님들이 발우공양 하듯 식사를 마친 후 그 밥그릇에 물을 담아 마시는 일은 어르신들 사이에서는 흔한 일이다. 예전에 할머니와 할아버지가 살아계실 때는 그분들도 설거지를 줄인다는 명목으로 그렇게 하시곤 했는데 어린 마음에 큰 충격을 받았다. '남이 먹던 그릇이 아니라 내가 먹던 그릇이니까 괜찮아.' 하고 생각하며 이해하려 아무리 노력해 봐도 심정적으로 일단 비위가 상하는 바람에 점점 어른들과 같이 식사하는 일이 싫어졌다. 밥은 밥그릇에, 물은 물컵에, 반찬은 접시에, 하는 것은 이후 내게 일종의 신념 같은 것이 되었다. 반찬통을 통째로 식탁에 올리거나 냄비 채 그대로 퍼먹는 일 같은 것은 아무리 괴로운 날에도 절대 하지 않는다.

정해진 용도대로만 사용한다면 에그 스탠드는 참 쓸 일이 드문 물건이다. 오로지 삶은 달걀을 올려두기 위한 그릇이라니! 삶은 달걀은 껍질을 몽땅 벗겨 손으로 들고 베어 먹거나 혹은 슬라이스를 쳐서 샐러드에 올리는 쪽이 더 익숙하거니와 애당초 삶은 달걀을 단독으로 그리 자주 먹지도 않으니까. 그럼에도 에그 스탠드는 꽤 마니아층이 두터운 물건이다. 그 깜찍한 비주얼에 일단 입덕하고 나면 출구가 없을 지경이다.

    정신을 차려보니 나도 꽤 여러 개의 에그 스탠드를 갖고 있다. 특히 에그 스탠드는 사진을 찍었을 때 그 귀여움이 거의 사망 급인데 이런 사진을 찍기 위해서는 갈색 달걀이 아닌 하얀 달걀이 좀 더 낫다. 하얀 달걀을 구하기 어렵다는 문제가 있긴 하지만 기가 막히게 멋진 사진에 대한 의지만 있다면 영 못 구할 것도 아니긴 하다. (1980년대 말, 갈색 달걀이 토종 달걀이라며 업자들이 '토종 마케팅'을 했고 '신토불이' 열풍에 이 마케팅 전략이 먹힌 것, 이물질이 묻었을 경우 갈색 달걀보다 하얀 달걀이 더 지저분해 보여 관리가 어려운 것 등 여러 요인으로 인해 국내 시장에서 하얀 달걀은 외면을 받았다. 나라마다 선호하는 달걀의 색상에는 차이가 있는데 한국에서는 여전히 갈색 달걀이 시중 유통 달걀의 99%를 차지하고 있다.) 우리 집에 있는 여러 에그 스탠드 중에서도 나는 특히 슈나우저의 등 부분에 달걀을 올릴 수 있게 제작된 물건을 좋아한다. 제작자는 강아지가 야무지게 달걀을 짊어진 모습을 의도했겠지만 내 눈엔 그보다도 강아지가 뜬금없이 낙타가 되는 것처럼 보여 위트가 있어 좋다. 우리가 '저 동물은 OO이잖아!' 하며 판단하는 기준은 대체 뭘까. 아마도 코끼리는 코, 기린은 목, 악어는 이빨일까, 초창기 AI가 호랑이와 고양이를 잘 구분하지 못했다는 걸 보면 좀 더 복합적인 관점이 필요할 수도 있겠지만 그럼에도 낙타의 정체성은 역시나 등 위 거대한 혹에 있을 터. 그렇다면 등에는 거대한 혹을 달고 슈나우저의 얼굴을 한 녀석은 과연 낙타인가, 강아지인가, 따위의 생각을 하다 보면 시간 가는 줄 모른다.

내가 가지고 있는 다른 에그 스탠드 중엔 토끼가 달걀을 들고 있는 형태도 있는데 이건 예쁘긴 해도 딱히 재미는 없다. 스테인리스 재질의 고블릿 잔을 줄여놓은 듯 단순한 형상인 것은 더 재미없다. 그래도 가끔은 테이블 분위기에 따라 이런 애들이 유용할 때도 있다.

에그 스탠드를 쓰겠다는 것은 달걀을 숟가락으로 퍼먹겠다는 뜻이다. 삶은 달걀을 거꾸로 뒤집어 작은 숟가락으로 탁탁 쳐서 껍데기를 살짝 깬 후 그 부분부터 파먹는다. 먹으면서 달걀 안쪽에 중간중간 소금을 쳐야 해서 입구가 좁은 소금 병이 있으면 편리하지만 이건 필수는 아니다. 에그 스탠드와 작은 숟가락을 동원하면 뻔한 달걀을 좀 더 아기자기하게, 소꿉놀이하는 기분으로, 혹은 내가 서양인이 된 듯한 느낌으로 먹을 수 있다.

그렇지만 내 기준에서 이 물건의 장점은 달걀을 좀 더 반숙으로 먹을 수 있다는 것. 어차피 퍼먹을 거니 아예 수란 정도의 느낌도 가능하다는 것이다. 요즘 온라인에서는 '수란'이라는 말보다 어째 '온센타마고(泉卵)'라는 말이 더 인기인 것 같긴 한데 그게 그놈이다. 어차피 한국의 웬만한 가정집에서 진짜 온천물로 진짜 '온센타마고'를 만들 순 없다. 에그 스탠드 위에 올리려면 껍데기를 까서는 안 되니 반반숙 정도로 부르는 게 더 맞을 수도 있겠다.

에그 스탠드를 캔들 홀더로, 소스 그릇으로, 간장 종지로도, 슈가 볼로도, 심지어는 작은 화분으로도 쓸 수 있다고는 하지만 우리 집은 고 선생이 계셔 캔들은 쓸 일이 없고 케첩 같은 것은 그냥 메인 접시 한 켠에 쭉 짜면 될 일이며 간장 종지는 어차피 많이 있다. 설탕은 굳이 따로 챙겨 먹진 않고 나의 무심한 성격으로 인해 식물도 못 키운다. 그리고 무엇보다, 얘를 어디에 어떻게 더 써먹을 수 있을까 고민하며 머리를 쓰기가 싫다. 나는 이 물건을 얼마에 샀는가, 과연 나는 이 물건에 있어 본전을 뽑았는가, 이 물건의 가성비를 논할 때 자신 있게 답을 할 수 있는가, 따위를 염두에 두면서 그렇게 치열하고 처절하게 살기가 싫다. 본래 수집이라는 것은 그런 효용성을 따지는 일이 될 수가 없다. 예뻐서 모으고 귀여워서 모은다. 그것을 소유하고 내 눈앞에 가까이 두고 내가 원할 때 만져볼 수 있다는 것만으로도 충분하다.

군이 고민해야 한다면 오늘은 완숙을 먹을까, 반숙을 먹을까, 반반숙을 먹을까 정도를 고민하는 그런 삶을 살고 싶다. 그리고 내 고민과 다른 결과가 나오더라도, 이를테면 반숙을 의도했는데 완숙이 되어버렸다거나 반대로 반반숙이 되어버렸다거나 해도 아무렇지 않게 퍽퍽 퍼먹을 수 있는 무던한 사람이 되고 싶다.

사람은 가도 물건은 남는다

로열 앨버트 레이디 칼라일

빈티지의 매력이자 맹점은 이전 주인이 어디에 어떻게 사용했는지 알기를 어렵다는 것이다. 상태가 좋은 물건은 그럴 가능성이 작긴 한데 그렇지 못한 물건의 경우는 험하게, 더 나아가 지저분하게 썼을 가능성도 있다. 코쟁이들이 어디에 어떻게 썼을지도 모를 물건을, 심지어 쓰다 버린 물건을 비싼 값에 사서 좋다고 쓰냐는 비아냥거림을 맘 편히 흘려버릴 수 없는 이유가 여기에 있다. 실제로 빈티지 그릇을 취급하는 바이어들의 상품 페이지에는 이런 문구가 꼭 달려있기도 하다.

> 이 제품은 장식용으로써 식품의 기구 또는 용기로 사용할 수 없으며 식품의 기구 또는 용기로 사용할 때는 인체에 해로울 수 있습니다.

(이 문구에 대한 좀 더 구체적인 내용은 184쪽에서 자세히 논해보기로 하자)

그런 의미에서 우리 집에 있는 로열 앨버트(Royal albert)의 레이디 칼라일(Lady Carlyle) 세트는 출처가 명확하다. 할머니가 직접 새 물건으로 사서 할머니가 평생 쓰던 애들이다. 할머니가 돌아가신 후 집을 정리할 때 살뜰히 챙겨 나왔다.

할머니는 옛날 사람답지 않게 꽤 모던한 면이 있어서 기회가 될 때마다 외제 그릇과 도자기 인형, 장식품 같은 것을 모으는 취미가 있는 분이었다. 레이디 칼라일 또한 할머니의 컬렉션 중 하나였다. 레이디 칼라일은 화사하고 화려하면서도 여리여리한 꽃분홍 톤과 금장 장식이 돋보이는, 대놓고 예쁜 물건이다. 대놓고 예쁜 애들은 쉬이 질리게 마련인데 그렇지 않다는 게 바로 레이디 칼라일의 매력. 이 물건은 1940년대부터 영국에서 생산되다가 이후 단종되었는데 워낙 인기가 많아 최근 다시 나오고 있다. 이 때문에 구하려고만 하면 지금도 아주 쉽게 구할 수 있는 애들인데, 차이가 있다면 최근 다시 나오는 애들은 인도네시아에서 OEM 형태로 만드는 애들이라는 점이다. 단종 이전 물건들이 진짜 영국에서 만들어진 물건인데 이 물건들은 현재 빈티지로만 구할 수 있다. 영국 물건과 인도네시아 물건의 차이를 정확히 알지는 못하지만, 풍문에 따르면 그릇의 두께와 견고한 정도, 그리고 색감에 약간의 차이가 있다고 한다.

레이디 칼라일은 일반적인 찻잔보다 크기가 약간 작은데 장식적인 요소가 워낙 화려해 작은 사이즈임에도 매우 풍성한 느낌을 준다. 잔의 모양이 라운드 팔각 형태이고 림 부분은 두껍지 않아 입에 닿는 느낌 또한 괜찮다. 가느다란 손잡이도 우아한 모양새다. 영국 물건임에도 왠지 프랑스 로코코 스타일이 연상되면서 마리 앙투아네트가 절로 떠오르는 이미지다. 공주 놀이에 적격인 물건이다.

이 물건들의 본래 주인이었던 내 할머니는 '할머니'라 하면 흔히 연상되는 자상함, 자애로움, 따뜻함 같은 것과는 기질적으로 거리가 있는 분이었다. 우리는 가족이라는 테두리 안에 있었기 때문에 가족이었을 뿐, 사랑으로 묶인 끈끈한 관계 같은 것은 딱히 아니었다. 그래서인지 할머니에 관한 애틋한 추억 같은 것도 그다지 없다. 미국을 다녀오시면서 선물로 딱 한 번 꽤 그럴싸한 폴리 포켓 인형 놀이 세트를 받은 적이 있는데 그 기억이 거의 유일한 좋은 기억이다.

그렇다고 아주 악독하고 못된 마귀할멈 같은 그런 할머니였다는 의미는 아니다. 그보다는 서로 데면데면했다는 표현이 적절할 것 같다. 내 기억 속의 할머니는 그저 레이디 칼라일에 맥스웰 하우스의 분말 커피를 쏟아붓고 휘휘 저어 나름의 분위기를 즐기는 그런 단편적인 이미지로만 남아 있다. 맥심이 아니라 꼭 맥스웰 하우스여야 했고 거기에는 '커피는 역시 미제'라는 그런 선입견이 자리하고 있었다. 할머니의 레이디 칼라일 중에는 찻잔 세트와 함께 귀달이 접시도 있었는데 여기에는 짙은 파랑 틴 케이스에 담겨있던 미제 버터 쿠키 같은 것이 올라갔다.

어느 날은 밥상에서 왼손을 쓴다고 손등을 후려 맞았던 기억이 난다. 미제 커피와 쿠키를 즐기고 영국제 커피잔과 접시를 쓰는 신여성이었음에도 당신 눈앞의 왼손잡이는 감히 용납이 안 됐던 것이다. 더 살아보니 한국에서 왼손잡이로 산다는 것이 녹록지는 않아 나는 지금은 거의 오른손잡이로 살고 있다. 어쩌다 보니 할머니의 바람대로 된 것이다. 그 와중에 재미있는 것은 내 주변 사람들이 거의 왼손잡이라는 점이다. '오른손잡이는 걸러!' 하고 인간관계를 맺은 것이 아님에도 그렇다. 일단 아빠가 그렇고 남편이 그렇다. 시어머니도 본래는 왼손이 더 편한 분이지만 그 시절 그 가치관으로 인해 강제로 오른손을 쓰면서 성장하신 분이다. 직장에서 마음을 터놓고 지내는 동료들과 학생 때부터 친하게 지내오는 친구 중에도 왼손잡이가 유독 많다. 내가 내 맘대로 왼손을 쓰지 못했기 때문인지 나는 의도치 않게 왼손잡이 컬렉터가 되어버렸다. 심지어 내 배 아파 낳은 내 자식은 신생아 시절부터 대놓고 왼손잡이다. "아직 장담할 수 없어요. 커 가면서 달라져요"라고 어린이집 선생님을 비롯한 수많은 사람이 말했지만 난 대번에 알았다. 얘는 태어난 순간부터 빼도 박도 못할 왼손잡이라는 걸. 가혹한 훈련으로도 못 바꿀 대단한 왼손잡이라는걸. 얘는 심지어 왼발잡이이기까지 하다. 물론 나는 내 자식이 오른손을 쓰든 왼손을 쓰든 상관하지 않을 것이다. 그런 시대는 이미 지나갔다.

레이디 칼라일을 볼 때면 종종 생각한다. 사람은 가도 물건은 남는다고. 내가 간 뒤 나는 어떤 사람으로 기억될 것인가. 그 기억을 촉발할 물건은 어떤 것일까도 더불어 생각한다. 내가 남긴 그릇들이 너무 많아 그걸 넘겨받은 사람들이 전부 뜨악하는 건 아닐지, 그걸 정리하는 일로 일종의 고문을 가하게 되는 건 아닐지를 생각한다. 그 와중에 여전히 레이디 칼라일은 예쁘고 또 예쁘다. 이날은 잉글리시 브랙퍼스트로 아주아주 진하게 밀크티를 끓였다. 많은 상념은 피어오르는 밀크티의 향기와 함께 사라져간다.

최소한 이 정도는
오벌 형태의 다양한 접시들

주방에 상부장을 없애고 개방형 선반으로 대체하거나 아니면 아예 그조차도 시원하게 없애 깔끔하게 연출한 주방이 인기인데 전자는 우리 집 고 선생 때문에 절대 불가하고 후자는 수납할 그릇의 양이 많으니 이 역시 절대 불가다. 미니멀 라이프의 측면에서 보자면 우리 집은 이미 쓰레기장이나 다름없다. 미니멀 라이프와 관련하여 어디선가 딱 한 벌의 식기만 두고 쓴다는 사람의 이야기를 본 적이 있는데 여벌이 없다는 것은 그만큼 부지런해야 한다는 뜻이기도 하다. 아침 먹을 때 쓴 그릇을 바로 씻고 말려야 점심 먹을 때 다시 쓸 수 있는 거고 저녁도 마찬가지니까. 일단 나는 도저히 그런 식으로는 살 수 없을 것 같다. 그렇지만 죽을 때 다 짊어지고 죽을 것도 아닌데 저 그릇들을 다 어찌할꼬 하는 데까지 생각이 미치면 나 또한 미니멀하게 살아볼까 싶어질 때도 있는데 그날그날의 메뉴와 기분에 맞춰 다른 식기를 사용하는 기쁨을 포기할 수는 없다고 이내 마음을 돌린다. 애당초 내 마음 자체가 미니멀하지 못하다. 나는 내 자아가 생긴 이후부터는 계속 디테일한 사람이었다. 그러면서 또 한편으로는 '나는 많은 것도 아니야! 더 많은 사람들도 많을걸!'이라는 생각도 한다.

우리 집에는 접시가 많다. 한식에 필요한 밥공기와 국그릇, 사발이나 반찬 그릇 등은 절대적으로 적다. 한식이 밥과 국 혹은 찌개, 메인 반찬과 밑반찬 여러 가지를 포함하는 'n첩 반상'으로 대표된다면 나는 한식을 거의, 아니 어쩌면 아예 먹지 않는 사람으로 분류될지도 모른다. '반상'이라는 말 자체가 결국 '밥'이 메인이라는 의미인데 안타깝게도 우리 집에서 밥을 메인으로 식사를 할 수 있는 사람은 아무도 없다. 대신 우리 집은 거의 원플레이트로 식사를 한다. 하나의 접시에 생선 혹은 고기 몇 덩이, 현미밥 한 숟갈, 곁들일 채소, 하는 식으로 구성한다. 이런 스타일로 식사를 내려면 커다란 접시가 필수여서 우리 집엔 한식용 식기들보다는 중간 크기 이상의 큰 접시가 더 많다. 또한 하나의 접시 위에 맥락 없이 이것저것 담다 보면 아수라장이 되기 십상인지라 역시 접시는 무던한 디자인과 컬러여야 부담이 없다.

그중 내가 자주 쓰는 것은 오벌, 타원 형태의 접시들이다. 평면의 한 점에서 일정한 거리에 있는 점들의 자취가 원이라면, 서로 다른 두 점에서 잰 거리의 합이 일정한 점들의 자취는 타원이 된다. 어려운 정의다. 쉽게 생각하면 원을 찌그러트린 게 타원인데 불규칙하게 엉망으로 찌그러트린 게 아니라 한 방향으로 늘이거나 줄인 모양새다. 원에 지름이 있다면 타원에는 장축과 단축이 있다. 타원의 지름 중 긴 쪽이 장축이고 짧은 쪽이 단축인데 장축과 단축의 차이에 따라 타원은 비교적 원에 가까울 수도 있고 아주 길쭉해질 수도 있다. 그 때문일까, 오벌 접시에는 반듯한 원형 접시에서는 느끼기 힘든 나름의 리듬감이 있다. 그리고 쓰다 보면 왠지 모르게 원형보다는 오벌 형태가 더 편하다. 대충 담아도 왠지 더 센스 있게 보이기도 하고 물리적으로 팔을 조금이나마 덜 뻗어도 되어서 그럴지도 모른다. 비슷한 이유에서 설거지도 좀 더 편하다. 할 수만 있다면 움직임은 최소화하고 싶다. 그렇게나 게으른 주제에 아무 데나 담아 아무렇게나 먹는 것은 또 용납하지 못한다. 가끔은 나조차도 내 비위를 맞추는 일이 어렵다.

예쁜 그릇에 예쁘게 담아 대접받는 느낌을 누리고 싶다는 높은 차원의 바람은 아니다. 도리어 그보다는 '그래도 최소한 이 정도는 지켜야지' 하는 마지노선의 느낌이다. 어쨌거나 나는 오늘도 접시를 고른다. 골라봐야 그게 그거지만.

음유 시인의 따스함을 담아
빌레로이앤보흐 트루바두르

이번에 해외 배송으로 전달받은 그릇 상자의 포장 상태가 심상치 않았다. 이전에도 몇 번이나 거래했던 바이어였고, 이렇게 포장을 허술하게 해서 보내는 분이 아님을 알고 있었기에 '이럴 리가 없는데, 참으로 이상하다' 생각했다. 포장 상태가 허술할 경우 배송 중에 파손될 위험이 큰 것이 바로 그릇이기에 불안한 마음으로 다급히 상자를 열었고 그 안에는 낯선 종이쪽지가 한 장 들어있었다. 인천공항세관에서 내 상자를 미리 열어보았다는 내용의 공문이었다. 가끔 세관에서 무작위로 상자를 열어 내용물을 확인하는 경우가 있다는 사실을 알고는 있었다. 그간 단 한 번도 직접 겪은 적은 없었지만. 그날이 바로 오늘이었다.

하필 이번 그릇은 빌보 트루바두르(Troubadour) 라인의 컵과 소서, 그리고 커피 팟이었다. 불어로 '음유 시인'을 뜻하는 트루바두르는 그 명칭에 걸맞게 말을 타며 나팔을 불고 있는 예술가의 모습과 파랑새와 함께 시구를 읊조리며(정말로 읊조리는 듯한 디테일한 입 모양이 포인트다!) 걷고 있는 음유 시인의 모습이 몹시도 깜찍하게 표현된 것이 대표 이미지다. 음유 시인이라는 개념 자체가 생소할 수 있는데, 나는 이 단어를 아주 어렸을 적에 '프린세스 메이커'라는 게임에서 배웠다. 발길 닿는 대로 자유분방하게 세상을 떠도는 이. 모닥불을 피워놓고 악기를 연주하며 노래를 부르고 시를 짓는, 이른바 한량. 풍류를 즐기는 나그네일 수도, 보헤미안의 감성을 품은 방랑자일 수도 있을 법한, 누구나 한 번쯤은 꿈꿔봤을 법한 바로 그런 존재. 요즘 세상에서라면 그런 콘텐츠들을 활용해 유튜버나 틱톡커, 혹은 다른 기술을 곁들여 노마드족 정도가 될 수도 있을까 싶기도 하다. 하지만 기본적으로 음유 시인은 경제적인 문제들에 발목을 잡히지 않는다는 점에서 상상 속 동물인 유니콘급 존재다. 현실에서 만나기는 어렵지만 무민의 스너프킨을 비롯해, 여전히 수많은 만화와 게임에 등장한다는 점을 보면 여전히 만인의 로망인 게 아닐지. 애건 어른이건 노는 걸 싫어하는 인간은 없으니까.

　아무튼 트루바두르 라인의 물건들은 꽃과 나비, 나뭇잎 등이 인물 주위를 빼곡히 채우고 있어 자칫 정신이 없을 법도 한데 이 디테일들이 음유 시인과 예술가의 옷 색깔과 동일한 색감이라 무릇 세련되고 단정한 느낌을 자아낸다. 색상에 있어 아주 영리한 선택을 했달까. 전체적으로 붉은 색상이 빠져있는 것도 특징. 세상 모든 그릇은 다들 직접 봐야 그 예쁨을 가장 잘 느낄 수 있지만 트루바두르는 특히나 더 그렇다. 귀여운 디테일들이 자글자글 바글바글해 지루할 틈이 없다. 이 모든 장식이 전부 붓 터치가 고스란히 느껴지는 핸드 페인팅이라는 점도 매력 요소다. 그림의 라인은 굵은 곳도 있고 얇은 곳도 있고 끊어진 곳도 있고 제 멋대로인데 그것 또한 시원시원한 맛이 있어 재미나다.

이 물건들은 애당초 생산량이 많지도 않았고 생산 기간도 짧았다고 한다. 그도 그럴 것이, 이 많은 그림을 전부 사람이 손으로 다 그려 넣어야 해 기본적인 수지타산이 맞지 않았을 듯싶다. 그럼에도 찾는 사람은 여전히 많아 빌보의 본거지인 독일에서도 꽤 구하기 힘든 물건이다. 빌보의 공장 중 룩셈부르크에 있는 공장에서 생산됐던 제품이라 이제는 룩셈부르크에서나 겨우 구할 수 있다는데 워낙 희소하므로 좋은 컨디션의 물건을 구하기는 더 힘들다. 본래는 커피 팟인데 뚜껑이 없는 제품을 '밀크 저그'로 활용할 수 있다며 판매하는 바이어도 있는데 그나마도 전부 'sold out'인 게 현실이다. 나도 오랜 시간 이 물건들을 찾다가 최근에야 결실을 보았는데 그나마도 2인 세트로 구하지는 못했다. 1인 세트의 구색을 갖출 정도만 간신히 마련. 그 와중에 다행인 것은 뚜껑을 포함한 모든 구성품을 갖춘 데다가 민트급 상품이라는 것!

그런데 배송 중에, 심지어 인천까지는 잘 와놓고 우리 집으로 오는 중에 깨지기라도 했다면! 머리털이 삐죽 서는 느낌으로 다급하게 내용물을 확인했다. 확인해 보니 커피 팟만 살짝 열어봤던 것 같고 컵과 소서는 손도 안 댄 분위기다. 커피 팟을 대충 감싼 비닐들을 순식간에 풀어 헤치고 꼼꼼히 살폈다. 다행히 무사했다. 그리고 그제야 나는 왜 세관에서 내 상자를 열었는지, 그리고 왜 하필 커피 팟을 확인했는지 대강의 이유를 알 것 같았다. 커피 팟 안에 낱개 포장된 독일 초콜릿과 젤리가 잔뜩 들어있었던 것이다!

모르긴 몰라도 아마 세관 신고서에는 초콜릿과 젤리가 딱히 기록되어 있지 않았을 테고, x-ray 상에는 비어 있어야 마땅한 커피 팟 안에 뭔가가 가득 차 있는 게 보이고, 심지어 요즘은 각종 마약 밀반입 등으로 시끄러우니 수상쩍다 싶어 직접 확인해 본 게 아닐지 하는 생각이 들었다. 엄밀히 말하면 이 또한 밀반입일 수 있지만 압수하지 않은 걸로 봐서는 적당히 용서를 해준 게 아닐까 싶다.

그럼, 애당초 내가 주문하지 않은 초콜릿과 젤리는 왜 들어있었을까? 이 물건을 찾아서 보내준 바이어는 나와 그간 여러 번 거래했던 분이고, 이제는 단순한 판매자와 구매자를 넘어 온라인에서나마 인간적으로 왕래하는 사이다. 이 때문에 커피 팟 안에 우리 아이와 함께 나눠 먹으라며 독일제 간식거리들을 선물로 가득 담아주셨던 것이다. 세관 직원들은 세관 직원들대로 본인들이 할 일을 열심히 한 것이고. 결국 다들 본인의 자리에서 본인의 일을 너무 열심히 해서 벌어진 해프닝이라는 결론. 착실하고 따뜻한 사람들 덕분에 내가 사는 세상은 오늘도 평화롭다. 그 와중에 애꿎은 인천공항세관 직원들만 고생시킨 셈이다.

일련의 일들을 겪었지만, 그 일들이 전부 긍정적인 기운에서 비롯된 일이라는 사실까지 받아들이고 보니 우리 집으로 입성한 음유 시인이 더욱 사랑스럽다. 그 온기를 곁에 두고 더 따뜻한 마음을 더해 에그 타르트를 잔뜩 구웠다. 전할 수만 있다면 음유 시인이 우리 집까지 오는 길에 마주했던 모든 이들에게 이 온기를 전하고 싶다.

쉬이 사라지고 이후에 남는 것
차이나 펄 식기 세트

앞서 오벌 형태의 접시가 왠지 모르게 더 센스 있어 보여 평소에 자주 사용한다는 말을 했다. 이 말을 뒤집어 말하면 원형 접시는 평소가 아닌, 특별한 날에 주로 쓴다는 말이 된다. 돌아보면 정말 그랬다. 특별한 날이라고 해봐야 그다지 난이도 있는 요리를 하는 것도 아닌데 그럼에도 동그란 접시에 반듯하고 차분하게 정리하면 좀 더 기품 있고 우아한 느낌을 낼 수 있다. 즉, 나는 일상적으로 마구 담아 먹는 것은 오벌에, 나름 신경을 써 조심스레 플레이팅하는 것은 원형에 한다. 이 원칙은 전적으로 내가 혼자 정한 것이고 내 취향에 기반한 것이므로 누군가는 정반대로 할지도 모른다. 그리고 일종의 원칙이라고는 해도 "오늘은 보통날이니까 원형 접시는 절대 안 돼!"라고 한 적은 당연히 없다. 어쩌다 보니, 살다 보니 어느 정도 그렇게 되었다는 것일 뿐이다.

오벌에 동적인 리듬감이 있다면 원형에는 정적인 차분함이 있다. 이 때문에, 음식에 힘을 줄 때 접시까지 오벌이면 다소 과한 느낌이 든다. 진짜 고수는 그 미묘한 선을 지키며 최상의 식탁을 꾸릴 수 있을지도 모르지만, 나는 이런 방면의 전문가도 아니고 그저 내가 좋아서 내 방식대로 상을 차리는 사람인지라 매사 대충대충 한다. 물론, 이건 어디까지나 내 눈에 그렇다는 거다. 좀 더 왁자지껄 와글와글하는 느낌을 내고 싶을 때는 사각 접시도, 크기가 작은 애들도 마구 섞어 쓴다. 그렇지만 그중에서 전체적인 중심을 잡아주는 애는 언제나 커다란 원형 접시여야 한다는 게 나의 지론이다.

    나는 원형 접시도 꽤 여럿 가지고 있다. 그도 그럴 것이, 대부분 접시는 원래 원형이다. 작은 원형 접시는 콩 접시 느낌으로 귀엽고 커다란 애는 그 나름대로 믿음직스러운 구석이 있다. 나는 대부분의 식기를 단품으로 구매하는 사람이라 구색을 갖춘 세트로 갖고 있는 경우가 거의 없는데, 내가 꽤 자주 쓰는 큰 원형 접시 중에 이런 세트의 일원인 녀석이 하나 있다. 세트라고 해봐야 큰 원형 접시와 빵 접시로 나온 작은 원형 접시, 수프 볼, 그리고 컵과 소서가 전부다. 그나마도 컵과 소서는 둘 곳이 없어 몽땅 처분했다. 전부 예전에 할머니가 썼던 물건이다. 이 물건은 바닥에 'ChinaPearl'이라 쓰여있는데 구글링을 해봐도 딱히 내용이 없어 구체적으로 어떤 그릇인지는 끝내 알아내지 못했지만, 워낙 그릇에 애정이 있던 분이니 어지간한 수준 이상의 물건일 것 같기는 하다. 설령 그렇지 않다고 하더라도 딱히 상관은 없는 게, 이미 내가 굉장히 여러 번 썼기 때문에 최초 가격이 얼마였든지 간에 긴 세월 동안 그 본전은 뽑고도 남았다고 할 수 있다. 본 차이나(bone China)가 아니라 파인 차이나(fine China)인 것으로 보아 어쩌면 내 기대보다 더 저렴한 물건이었을 수도 있는데 그렇다면 가격 대비 본전을 수십 번은 더 뽑은 셈이니 오히려 좋다.

본 차이나는 이름 그대로 동물의 뼛가루를 넣어 만든 도자기를 뜻한다. 간혹 'bone China'를 'born China'로 오해하고 '중국산 도자기'라 해석하는 경우가 있는데 본 차이나는 본래 영국에서 시작된 도자기다. 지금이야 bone China 중에도 born China가 있겠지만. 그중 파인 차이나는 본 차이나에 비해 뼛가루 함량이 낮은 애를 뜻하는 명칭. 그만큼 좀 더 저렴하고 가성비가 좋은 물건이다. 그렇지만 뼛가루가 들어가긴 했으니 넓은 의미에서는 얘 또한 본 차이나가 맞긴 맞다.

포슬린이나 스톤웨어 등이 요즘 대세긴 하지만 나는 여전히 본 차이나가 좋다. 과거 어르신들 세대에서는 좋은 도자기가 곧 본 차이나로 통하는 경향이 없잖아 있었기도 해서 우리 엄마 또한 어딜 가면 아직도 "이거 본 차이나예요?"를 물어본다. 요즘 트렌드가 아니다 보니 그릇을 잘 모르는 분들은 도리어 본 차이나가 뭐냐며 되묻는 때도 있긴 하지만 본 차이나 특유의 강점은 명확하다. 튼튼하고 가볍다는 것! 무거워도 잘 깨지는 접시가 있고 가벼워도 튼튼한 접시가 있다. 두꺼우면서도 가벼운 접시가 있고 얇으면서도 은근히 무거운 접시가 있다. 나는 일단 가벼운 게 최고라고 생각한다. 무거우면 자주 쓰기가 힘들다. 게다가 더 큰 문제도 있다. 바로 수납. 주방의 상부장에 접시를 차곡차곡 포개어 넣던 어느 날 그 무게를 이기지 못한 상부장이 내려앉다 못해 완전히 무너져 내려 대참사가 벌어졌다는 누군가의 이야기를 들은 후로 접시는 최대한 여기저기 분산해 보관하려 노력하고 있는데 아무리 봐도 역부족이다. 절대량이 많으니 별 재간이 없다. 그럴까 봐 아예 상자에 넣어 침대 밑에 넣어둔다는 이야기도 들었는데 그렇게 하면 나는 내 성향상 영원히 꺼내지 않을 것만 같다. 다음 이사 갈 때나 꺼내 보면서 '아, 맞다! 우리 집에 이런 접시도 있었지!'라고 할 인간이 바로 나다.

푸르스름하면서도 은근하게 회색빛이 도는 바탕에 여리여리하게 표현된 하얀 꽃무늬, 그리고 실버 림이 둘러진 이 접시는 요즘 접시들이 추구하는 차분함과는 다소 다른 느낌의 차분함을 자아낸다. 오랜 세월을 지나오면서도 망가진 곳 하나 없고 여전히 현역으로 빛을 발한다. 동양적 분위기인 듯하면서도 서양의 냄새도 슬쩍 나는 게 한식 양식 가릴 것 없이 잘 어울려 마구 쓰고 있다. 세트 안에 함께 있는 수프 볼도 은근히 여기저기 쓰기 좋게 둥글넓적한 형태라 죽을 먹을 때도 쓰고, 물만두를 먹을 때도 쓴다. 떡국도 가능하고 볶음밥이나 덮밥류에도 좋다.

때때로 너무 예쁜 그릇은 용도를 고민하지 않고 일단 들여놓는 경우도 있지만, 일상에 치이다 보면 그런 것들은 점차 사용하지 않게 된다. 그릇은 특수 생활폐기물 종량제 봉투에 담아 버려야 해, 버리는 일도 쉽지 않으니 입양 결정에 좀 더 신중할 필요가 있다. 그리고 어떤 물건을 가지고 싶어 오래도록 고민하고 나름 신중하게 결정을 해도 막상 내 것으로 만들고 나면 그런 간절함은 사라진다. 그토록 갖고 싶었던 그 물건이 주는 반짝임 또한 순간일 수 있다. 그런 것들이 쉬이 사라진다면 이후 남는 것은 뭘까? 나는 그게 결국 일상성이라 생각한다. 편하게 자주 쓸 수 있다는 것, 아무렇지 않게 곁에 둘 수 있다는 것. 특히 그릇은 더더욱. 먹고 사는 일은 결국 일상이니까.

내 취향만으로 사는 것이 아닌 세상

레녹스 버터플라이 메도우 6인 세트

"당신이 무엇을 먹었는지 말해달라. 그러면 당신이 어떤 사람인지 알려주겠다."

이 유명한 말은 19세기 프랑스의 법관이자 미식가, 장 앙텔름 브리야 사바랭(Jean Anthelme Brillat-Savarin)이 한 말이다. 지금 이 말은 식품 업계에서 끝도 없이 회자되며 '건강하고 좋은 음식'을 먹으라는 캐치프레이즈처럼 쓰이고 있지만 본래 이 말은 그 사람이 먹은 음식을 통해 그 사람의 신분이나 경제력을 알 수 있다는, 다소 속물적인 뉘앙스의 발언이었다고 한다. 어찌 됐든 지금의 나는 이 말을 이렇게 바꾸고 싶다.

"당신의 그릇장을 보여달라. 그러면 당신이 어떤 사람인지 알려주겠다."

그릇장이 고급 브랜드의 비싼 그릇으로 꽉 찬 사람은 부자일 것이다, 하는 식의 뻔한 소리를 하겠다는 것은 아니다. 대신, 이를테면 이런 거다. 일단 내 그릇장 속 모든 찻잔 세트는 모두 2조씩이다. 빈티지여서 2조를 끝내 구하지 못한 것은 1조짜리도 있긴 하지만 대개는 2조다. 우리 집은 아주 오랫동안 2인 가족이었다. 그리고 남편 또한 나 못지않게 커피와 차를 즐기는 사람이다 보니 잔을 살 때는 항상 남편 것도 같이 샀다. 둘 다 아이스 음료를 먹지 않기 때문에 아이스 커피용 커다란 유리잔 같은 것은 아예 없다. 술잔으로 넘어가 보자면 맥주잔은 그저 마트 판촉 행사로 받은 것이 전부여서 그럴싸한 물건이 없지만 와인잔과 위스키잔은 꽤 있고 다들 그릇장 앞쪽으로 나와 있다. 맥주보다는 와인이나 위스키를 더 즐긴다는 증거다. 나는, 우리는 그런 취향의 사람들이다.

그런데 딱히 내 취향도 아니면서 무려 6인 세트인 애들이 우리 집 그릇장 안에 있다. 좁아터진 그릇장에서 상당 지분을 차지하고 있는 이 녀석들은 바로 레녹스(LENOX)의 버터플라이 메도우(Butterfly Meadow). 찻잔과 머그잔에 대 접시와 케이크 한 판은 너끈히 올라갈 커다란 굽접시까지 끼어있다. 애들은 내가 독립할 때 엄마가 선물로 사준 애들이다. '집에 손님이 왔을 때 꺼내놓을 게 있어야지' 하는 게 표면적인 이유였지만 엄마는 쇼핑의 대부분을 홈쇼핑으로 해결하는 사람이고 홈쇼핑은 단품이나 작은 세트는 취급하지 않으니 엄청난 규모의 이 세트는 홈쇼핑에서 만날 수 있는 물건의 한계이기도 했을 것이다. 하지만 그때나 지금이나 나도 남편도 성향상 집으로 사람을 들이는 일은 거의 없다. 아이가 갓난쟁이이고 동시에 전 세계가 팬데믹이던 그 시절에 아주 친한 친구들을 집으로 부른 적은 두어 번 있지만 그래봐야 최대가 두 명이었고 그때도 이 세트를 꺼낸 적은 없었다. 일단 내 취향이 아니다. 레녹스가 워낙 유명한 브랜드이고 버터플라이 메도우 또한 그릇에 문외한인 사람조차 '이거 본 적 있어!' 할법한 유명한 녀석이지만 아무리 봐도 내 취향은 아니다. 때문에 '좋은 걸 알아보지도 못한다'는 엄마의 타박은 10년이 지나도 여전하다.

참고로 레녹스의 모든 라인이 다 내 취향이 아닌 것은 아니다. 검색창에 '레녹스 빈티지'라고 검색해서 나오는 애들은 대개 호들갑을 떨 만큼 예쁘다. 특히 접시의 주름과 화려한 꽃무늬가 마치 신데렐라의 드레스 자락을 연상시키는 신데렐라(Cinderella) 라인은 마치 미국 빈티지의 자존심 같은 느낌이랄까. 그리고 꼭 빈티지가 아니어도 나는 레녹스 특유의 크림빛 색감과 두툼하게 두른 금빛 림 장식을 무척 좋아해 이런 특성을 잘 살린 홀리데이 라인 등은 충분히 예뻐해 줄 용의가 있다. 그런데 버터플라이 메도우는 일단 크림색이 아니다. 수채화를 닮은 맑은 바탕에 투명한 파스텔 톤으로 꽃과 풀 등이 그려져 있고 여기에 꿀벌이나 무당벌레, 나비, 잠자리 등이 함께 있는 디자인이다. 아무리 다시 봐도 진짜 내 스타일이 아니다. 그리고 결정적으로 림의 두께가 내 입에는 맞지 않다. 두꺼운 것도 아니면서 또 얇은 것도 아닌 게 무척 애매해서 내 입에는 닿는 느낌이 그다지 좋지 않다. 입에 닿는 느낌이 별로인 컵에는 손이 갈 수가 없다.

그럼에도 이 세트를 처분하지 못하는 이유가 있다. 일단 엄마가 우리 집에 왔을 때 엄마 본인에게 꺼내주면 너무 좋아한다. 엄마 전용 커피잔인 셈이다. 그리고 결정적으로, 어르신들이 좋아하신다. 6인 세트를 한꺼번에 꺼내어 쓸 만큼 다수의 손님이 오는 일은 없지만 어쨌거나 시부모님이나 그 누군가 어르신께 다과를 내어드릴 때 애를 꺼내면 너무들 좋아하신다. 아라비아 핀란드의 키르시카(Kirsikka)를 꺼낼 때와 애를 꺼낼 때, 반응 자체가 다르다. 전자의 경우는 '귀엽네' 정도지만 후자는 말 그대로 난리가 난다. 똑같은 걸 마시더라도 이런데 마셔야 대접받는 느낌이 드는 거야, 라는 엄마의 의견이 유효한 때가 있는 것이다. 이 잔 하나로 그날 테이블의 온도와 분위기가 달라진달까. 사실 내 그릇장 안에는 이 시리즈보다 더 귀하고 더 비싼 애들도 제법 있지만 어르신들은 알아주지 않는다. 어르신들에게 가장 사랑을 받는 애는 언제나 바로 얘다. 레녹스에는 언제나 백악관 식기, 역대 미국 대통령

들이 사용한 식기라는 설명이 따라붙는데 이 부분이 어르신들을 매료시키는 지점이 아닌가 싶기는 하다.

그 와중에 이 물건이 재미있는 것은 컵 받침에 그려진 여러 곤충 중 무당벌레가 아주 실감이 나, "벌레가 있네" 하고 잡으려 하다 "어머, 무늬였잖아?" 하고 깔깔할 수 있다는 점이다. 나는 이 지점에서 미국인들의 '휴우-머(유머 아님! 그 시절 그 감성대로 휴우-머)'를 느끼곤 한다. 신사임당이 직접 그린 초충도를 말리려고 마당에 내놓자, 닭이 달려와 그림 속 벌레를 쪼았다는 이야기가 자꾸만 떠오르는 가운데, 어르신들을 웃게 할 소재가 주위에 많지 않은데 그 역할을 내 스타일이 아닌 무당벌레 한 마리가 해준다는 점이 인상적이다.

버터플라이 메도우는 여전히 영 내 취향이 아닌 물건이지만 필요한 때 제 역할을 톡톡히 해주며 내 옆자리를 든든히 지켜준다. 아무리 내 세상이라 할지언정 세상은 내 취향만으로 사는 것이 아님을 한 번 더 배운다.

삶은 계속된다
델타 에스프레소 잔

처음 에스프레소의 맛을 알게 된 것은 이탈리아에서였다. 이른 아침, 바에 서서 아우성치는 수많은 사람 틈바구니에서 그들과 똑같은 커피를 주문했다. 휙- 날아오는 조그맣고 두꺼운 커피잔. 에스프레소였다. 저쪽에서 이쪽으로 커피가 날아오고 이쪽에서 저쪽으로는 커피값에 해당하는 동전이 질세라 날아간다. 이탈리아에서의 매일 아침은 그렇게 시작됐다.

이가 시려 찬 음료를 먹지 못하는 나는 커피도 늘 뜨거운 것만을 마신다. 그런데 한국에서 먹는 뜨거운 커피, '따아'는 언제나 입천장을 홀랑 벗겨 먹을 만큼 뜨거웠다. 출근길에 다급하게 사 가는 나의 모닝커피는 언제나 용암과 같아 "너무 뜨겁지 않게 얼음 2개만 넣어주세요."라는 요청을 매일 같이 해야 했다. 이런 나에게 이탈리아의 모닝커피는 신세계였다. 에스프레소는 원 샷에 먹을 수 있어야 해 딱 적당한 온도로 제공되니까. 출근길에 먹는 커피는 맛으로 먹는다기보다는 살기 위해 먹는 것이고 아메리카노라는 메뉴 자체에 큰 애정이 있던 것도 아닌지라 아메리카노에서 에스프레소로 갈아타는 일은 생각보다 쉬웠다. 피곤한 몸뚱이에 카페인을 빠르게 부어 넣기 위한 목적을 놓고 보자면 한 모금 컷인 에스프레소가 더 효율

적이기도 했다. 시간도 덜 걸리고 배도 덜 불렀다.

 에스프레소에 익숙해지면서 집에서도 에스프레소를 먹기 시작했고 자연히 에스프레소 잔에도 눈길이 갔다. 에스프레소 잔은 단순히 커피잔을 작게 만든 잔이 아니다. 에스프레소 잔은 몹시 두껍다. 일반적인 커피잔이나 찻잔은 입에 닿는 부분의 두께에 따라 호불호가 명확히 갈리는데 에스프레소 잔은 개인의 호불호 따위는 고려하지 않는 모양새다. 그도 그럴 것이, 워낙 적은 양의 음료가 담기기 때문에 잔의 두께가 얇으면 순식간에 식어버린다. 그리고 에스프레소 잔은 보이는 것보다 더 적은 용량의 커피가 담긴다. 내부가 컵 모양대로 정직하게 각져있는 것이 아니라 어느 정도 둥글게 굴려져 있기 때문인데 이 또한 커피의 온기와 크레마를 지속하기 위한 일종의 장치다. 잔의 손잡이도 매우 작다. 아예 손가락이 들어갈 수 없는 때도 있다. 요걸 손잡이랍시고 만드셨어요? 예? 하고 되묻고 싶은 잔도 시중에 꽤 많다.

 처음에는 일리(illy) 커피의 빨간 네모 마크가 달린 순백의 에스프레소 잔이 좋아 보였다. 동글동글한 모양새도 귀여웠다. 하지만 나는 일리 원두에서 특유의 미묘한 인삼 냄새를 맡는 사람이다. 나 말고는 아무도 일리 커피에서 그런 냄새를 맡지 못하는 것 같지만 어찌 된 영문인지 내 코에는 일리 커피라 하면 언제나 인삼 냄새가 난다. 불호라는 소리다. 좋아하지도 않는 브랜드의 잔을 선택한다는 건 아무리 봐도 이상했다. 그러면 우리 집 커피 머신이 네스프레소니까 네스프레소의 에스프레소 잔을 살까? 별 디테일도 없는데 너무 비싼 느낌이 없잖아 있는 것 같다. 이게 다 조지 클루니 때문인 걸까? 하는 식의 고민을 거듭하던 어느 날, 포르투갈에서 '델타(Delta)'라는 브랜드의 에스프레소를 만나게 됐다.

커피에는 정답이 없다. 저급과 고급을 나누는 일반적인 기준이 있긴 하지만 그건 문자 그대로 일반적인 기준일 뿐, 내 입에 뭐가 더 맞는지는 또 다른 이야기다. 리스본과 포르투를 비롯해, 포르투갈의 작은 시골 동네에서도 쉽게 만날 수 있고 온라인상에서 '포르투갈의 국민 원두'라 불리는 것을 보아 아무래도 고급 원두는 아닌 것 같지만 어쨌거나 델타 원두로 내린 에스프레소는 너무나도 내 취향이었다. 빨간 삼각형에 노란 글씨의 델타 마크가 그려진 길쭉한 형태의 잔도 마음에 들었다. 포르투갈에 머무는 동안, 이 잔을 찾아 근처 플리마켓을 포함, 동네 빈티지 가게를 엄청나게 뒤졌다. "그런 잔은 근처 카페가 폐업

해야 얻을 수 있을걸?" 하는 조언을 들었음에도 쉬이 포기가 안 됐다. 내 노력에도 불구하고 나는 끝내 이 물건을 구하지 못하고 한국으로 돌아와야 했다.

한국으로 돌아와 이베이를 뒤지기 시작했다. 지구상의 누군가는 반드시 이 물건을 가지고 있다는 믿음으로. 찾았다, 이 물건을 가진 사람. 그것도 무려 여섯 세트나! 곧이곧대로 믿어도 될지는 모르겠지만 물건 상태도 좋단다. 곧바로 메시지를 날렸다. 그렇게 나는 '포르투갈의 국민 원두'라는 브랜드의 물건을 캐나다의 스트랫퍼드(Stratford)라는, 난생처음 들어보는 동네에서 보내주는 항공 택배로 받았다. 포장도 어찌나 꼼꼼하게 했는지 상자 자체를 완충제로 전부 감쌌다. 포장을 이 정도로 했다면 물건 상태는 안 봐도 확실하다. 역시 그랬다. 여섯 세트 모두 민트급. 잔흠집 하나 없이 반짝반짝 빛나고 있었다. 어지간한 새 물건보다 상태가 좋았다. 이 캐나다인은 이런 물건을 대체 왜 여섯 세트나 갖고 있었던 걸까?

'그때 그 커피가 아무리 마음에 들었기로서니, 그 브랜드 로고가 박힌 잔까지 꼭 사들여야만 했나? 차라리 원두를 사 먹는 편이?'라고 생각할 수도 있겠다. 지금 생각해 보면 그 당시의 나는 제정신이 아니었던 것 같다. 원두 자체는 까맣게 잊고 잔만 찾아 헤맸으니. 그때의 나는 그랬다. 그때 나는 온 힘을 다해, 온 마음을 다해 싫어하는 사람이 있었다. 누군가를 진심으로 좋아하는 일만큼이나 싫어하는 일에도 엄청난 에너지를 써야 하는데, 나의 그런 에너지 소모에도 불구하고 상황은 전혀 달라지지 않았다. 매일 같이 그 사람과 부대끼고 그 사람에게 치이면서 모든 일상은 엉망이 됐다. 마음대로 할 수 있는 일이 하나도 없던 시절이었다. 절박한 심정으로, 한 번 먹으면 사라져 버릴 원두보다는 분명하게 오래도록 내 손에 쥘 수 있는 잔을 더 필요로 했던 것 같다. 지금도 이 잔을 보면 포르투갈이 생각나고 더불어 그 시절도 생각나곤 한다.

나는 아직도 가끔 악몽을 꾼다. 어떤 감정은 끝내 공유될 수 없고 어떤 경험은 누군가의 평생을 바꾼다. 하지만 삶은 계속된다. 계속된다는 게 중요하다. 일단 지금의 나는 좋아하는 것이 더 많아졌다. 누군가가 나를 쥐고 흔들어도 쉬이 흔들려서는 안 될 이유가 생겼다. 내일 당장 전부 끝장낼 게 아니라면은, 내가 좋아하는 것들을 끌어안고 그 힘으로 살아보는 것도 나쁘지 않다. 내일은 집구석 스탠딩 바에서 에스프레소로 시작해야지!

오래도록 묵묵히 함께

젠 레이첼 바커 식기 세트

사람에게는 기본적으로 의식주가 필요하다고들 말한다. 한 사람이 독립적으로 살아간다고 할 때, 나는 이 '의식주가 필요하다'는 말을 내가 산 옷을 입고 내가 산 집(꼭 자가를 소유해야 한다고 말하는 건 아니다)에 살면서 내 손으로 음식을 해 먹는다는 의미로 받아들였다. 특히 나는 내가 한 음식을 내가 산 그릇에 담는다는 데 의의를 뒀다. 식생활에는 단순히 음식 이상의 의미가 있다. 원시인처럼 빗살무늬 토기에 몽땅 때려 담아 손으로 주워 먹을 게 아니고서는, 교양 있게 먹을 때 필요한 식기와 커트러리, 더 나아가서는 식탁과 의자 등의 주방가구 등이 모두 포함되는 것이야말로 진정한 식생활이다.

물론 그릇에 크게 연연하지 않는 사람들도 많다. 내 주위만 봐도 그릇장이 아예 없다는 집도 있고, 워낙에 잘 깨트리다 보니 그때그때 적당히 사서 아무렇게나 쓴다는 집도 있다. 집에서 뭘 먹질 않아 그릇이 아예 필요 없다는 경우도 있지만 배달 음식이나 편의점 도시락 등이 주식이라 할지언정 그것들을 덜어 먹을 작은 앞접시나 라면을 먹을 때 필요한 젓가락 정도는 있기 마련이다. 지금까지 직접 겪어본 적은 없지만 만약 그조차도 모두 일회용품을 쓰는 사람이 있다면 그래도 컵은, 최소한 텀블러는 한 개라도 있겠지, 생각한다. 그릇이 아예 없는 집이라는 건 임시 거처가 아닌 한에야 있을 수가 없다.

아무튼 나는 내가 산 그릇에 내가 한 음식을 담아 먹는다는 것이야말로 독립적인 인간이 되는 첫걸음이라고 생각했기 때문에 첫 번째 그릇을 고를 때 더더욱 신중할 수밖에 없었다. 고심 끝에 선택한 것은 젠(Zen)의 레이첼 바커(Rachel Barker) 시리즈였다. 무늬 없는 하얀 접시들을 제외하면 우리 집 식기의 기본은 이 라인이다. 백색과 아주 짙은 남색으로 대표되며 유행을 타지 않는다. 무늬도 아주 심플하다. 평범한 만큼 이래저래 무난하게 여기저기 쓰기 쉬운 녀석이다.

이 그릇들을 들일 때 다른 살림살이도 대거 구매해야 했고 여러 가지 신경 쓸 일이 많았기 때문에 그릇 하나하나를 용도에 맞게 단품으로 골라 사지는 못했고 4인 홈 세트였나 하는 이름의 세트로 왕창 들였다. 10년이 다 되어가는 지금도 여전히 4인 가족은 되지 못했고 앞으로도 4인 가족은 될 일이 없을 걸로 결정이 된 데다가 중간중간 깨트리며 자연스레 3인 홈 세트 정도로 줄어들긴 했지만, 여전히 마음에 든다. 사는 모습이 달라지며 이제는 국이나 찌개를 먹는 경우가 거의 없는지라 국그릇을 개인 샐러드 볼이나 시리얼 그릇으로 사용하고 홈베이킹을 하게 되면서 밥그릇은 달걀을 깨서 푼다거나, 버터의 무게를 잰다거나 할 때 작은 볼 대신 사용하는 일이 잦아졌다. 어떤 날엔 밥그릇에 아이스크림을 듬뿍 담아 먹을 때도 있다. 종지용 접시는 고양이 전용 간식 그릇이 됐다. 그렇게 막 써도 일당백처럼 제 역할을 해주니 참으로 용하다. 엄청난 천재지변이 일어나 우리 집 그릇장이 몽창 내려앉지 않는 한, 앞으로 10년은 거뜬히 더 쓸 수 있지 않을까 생각한다. 내가 이 그릇들을 들일 그 시절의 밥그릇은 포트메리온(Portmeirion)의 보타닉 가든(Botanic Garden)이 대세였기 때문에 우리 엄마는 그 당시 상당히 불만을 표했지만, 이날의 내 고집은 지금까지도 칭찬받아 마땅한 것이 되었다.

취향만큼이나 거스를 수 없는 것이 바로 유행이다. 그릇에도 유행이 있고 알고리즘은 자꾸만 이런 것들을 내 눈앞에 대령하니 나 역시도 어쩔 도리없이 요즘 유행하는 그릇들을 자꾸만 들여다보게 된다. 그릇은 한 철 쓰고 버리는 물건이 아니기 때문에 매번 그 유행을 따르다 보면 그릇장 폭발은 시간문제다. 더 최악인 것은 수많은 그릇의 홍수 속에서 '전부 다 한물간 것들이네, 쓸 게 없다' 하게 될 수도 있다는 것이다. 이런 기분은 주로 과포화 상태인 옷장을 앞에 두고 느끼는 기분이지만 그릇장이라고 예외는 아니다. 극단적으로는 내 그릇장이 일명 '그릇 무덤'이 되어버릴 수도 있다.

따라서 오랜 기간 질리지 않고 쓸 수 있는 스타일로 기본 라인을 갖추되, 가끔 특별한 아이들을 꺼내 기분 전환을 해주는 게 바람직하다. 오랜 기간 쓸 수 있다는 것은 단순히 비주얼만의 문제는 아니다. 무난한 비주얼은 기본이고 거기에 적당한 무게감, 전자레인지나 식기 세척기에 마구 돌려도 끄떡없을 것, 아무 세제, 아무 수세미나 손에 잡히는 대로 쓸 수 있고 생활 속 자잘한 충격 등에 어지간히 튼튼할 것 등도 사용성에 있어 아주 중요한 포인트가 된다. 그릇은 보이는 것보다 진짜 생활에 더 닿아있기 때문이다.

누군가의 최고의 날과 나의 보통날을 비교하게 만들며 사람을 주눅 들게 하는 것이 SNS임을 머리로는 알면서도 일단 눈앞에 그런 사진들이 주르륵 대령 되면 즉각적으로 감정이 먼저 반응하곤 한다. 그 반응 폭이 유독 큰 날이 있다. 그런 날은 조용히 스마트폰을 내려놓는 게 답이다. 당연한 소리지만 진짜 생활은 스마트폰을 통해 보이는 그 앵글의 바깥에 있다. 인생을 한 장의 사진에 담겠다는 것은 대단히 위험한 발상이다. 누군가의 인생을 한 장의 사진으로 판단하겠다는 것 역시도 대단히 위험한 발상이다. 식생활 또한 마찬가지다. 산해진미를 쓸어 담고 값비싼 접시들을 늘어놓은 화려한 플레이팅만이 그 사람의 식생활 전부는 아니다. 나 역시도 레이첼 바커를 주로 꺼내쓰는 보통날은 사진으로 거의 남기지 않는다. 정성스레 카메라를 들이댈 만큼 특별할 게 없기 때문이다. 하지만 그런 날이 있기에, 아니, 그런 날이 더 많기에 특별한 날이 더 빛나는 거라는 진실만큼은 절대 잊지 않으려고 노력한다.

누군가의 생활을 묵묵히 함께 해주는 무언가가 있다는 것은 참으로 다행스러운 일이다. 그게 꼭 그릇이 아니라 해도 그런 무언가가 있다는 것 자체만으로도 우리의 일상은 조금 더 단단해진다.

단순한 세계
쇼트즈위젤 와인잔

커피와 차를 가장 좋아하긴 하지만 나는 기본적으로 마시는 것은 다 좋아한다. 여기엔 술도 포함이다. 이 사실을 너무나 잘 알고 있는 엄마는 앞서 이야기했던 레녹스 버터플라이 메도우 6인 세트와 함께 와인잔 6개 세트도 사줬다. 오랜 세월을 지나오며 하나는 깨트려 지금은 5개만 남아 있는데 어차피 이 중에서 사용하는 것은 2개뿐이다. 나머지 3개는 10년이 다 되도록 바닥의 스티커도 떼지 않았다. 낡은, 새 물건인 셈이다.

와인잔도 은근히 생김새가 다양한데 우리 집에 있는 녀석들은 보울 부분이 유독 동그랗고 큼지막한 녀석들이다. 엄마는 옛날 사람이라 와인을 잘 모르고 나는 옛날 사람은 아니지만 그래도 와인을 잘 모른다. 와인을 잘 모르는 사람들이 와인잔에 대해 잘 알 턱이 없다. 엄마는 매장 직원이 추천하는 대로 아마 가장 무난하고 대중적인 물건을 골랐을 것이고 나도 이게 뭔지 제대로 확인도 하지 않고 덥석 받았다. 받고 나서 보니 즈위젤 글라스의 쇼트즈위젤이다. 쇼트즈위젤 안에도 여러 라인이 있고, 그 라인 안에서도 레드 와인용이니 화이트 와인용이니 샴페인용이니 하며 다양한데, 이건 아마도 '보르도'인 것 같다. 어찌 됐든 아주 잘 쓰고 있다.

이 잔의 특징은 무난하다는 것이다. 림의 두께도 스템도 베이스도 모두 모두 무난하고 평범하다. 무난하고 평범한 요소들이 한데 모여 찰떡같은 물건이 됐다. 모든 면에 있어 무난하고 평범하다는 것은 바꿔 말하면 도드라지는 단점이 없다는, 그러니까 완벽하다는 말이기도 하다. 아주 특출나고 뾰족한 장점은 없을지 몰라도 딱히 흠잡을 데도 없다는 것이다. 물론 가격 측면으로도 완벽하다. '짠!'을 했을 때 '챙'과 '챵' 하는 소리의 중간 정도 느낌으로 맑은소리가 나는 것도 좋다. 가끔 '틱' 하는 소리가 나는 와인잔들이 있는데 이건 정말 못 참겠다.

예민한 미각과 후각을 지닌 사람들, 혹은 와인과 와인잔에 대해 정말 잘 아는 애호가들은 와인에 맞게 잔도 달리 쓴다고 하는데 다행인지 불행인지 나는 그럴 필요가 없다. 이 와인잔 하나로 뭐가 됐든 주야장천 잘도 마신다. 와인잔의 중요성을 실감해 보려면 똑같은 와인을 종이컵에 마셔보고, 와인잔에도 마셔보라고들 한다. 종이컵은 특유의 냄새가 있으니 나도 그 정도는 구분할 수 있겠지만 나의 감각이란 딱 거기까지다. 레드 와인잔에 화이트 와인을 마시거나 혹은 그 반대로 해도 그 차이를 전혀 알아채지 못할 게 뻔하다. 내게는 일단《신의 물방울》속 누군가처럼 와인 한 모금에 혓바닥이 춤을 추고 갑자기 귓가에 퀸의 '보헤미안 랩소디'가 들리는 그런 류의 감각이 전혀 없다. '붉은 과일과 초콜릿, 스모키한 느낌이 한데 어우러진다.' 하는 테이스팅 노트를 보면서 마셔도 '초콜릿이 어디? 이분은 평생 초콜릿을 안 먹어보셨나?' 하는 기분만 들 뿐이다. 여전히 내가 표현하는 맛은 달다, 떫다, 시다, 하는 그런 1차원적인 수준에 머물러있다. 이런 감각은 대개 선천적으로 타고나는 것이고 후천적으로 이런 감각을 키우기 위해서는 그만큼 혹독한 트레이닝을 거쳐야 한단다. 그건 많이 마시면 점차 알게 된다는 것과도 같은 말일까? 하지만 딱히 그렇지도 않은 것 같다. 이미 평생에 걸쳐 엄청나게 마셔왔지만 나는 여전히 와인을 잘 모른다. 와인에 있어 내 취향은 아예 포트 와인이나 셰리 와인, 마데이라 와인이 아니라면 스위트한 와인은 싫다는 것이다. 특히 시중에 나와 있는 화이트 와인의 대부분은, '스위트하지 않다'라 되어있는 와인조차 내 입에는 너무 달다, 하는 그 정도다. 참고로 내가 가장 좋아하는 화이트 와인은 호스피치엔 리슬링 트로켄(VH Hospitien Riesling Trocken)이다. '리슬링'의 기본 캐릭터가 기대하게 하는 특유의 청량감이나 단맛이 빠져있어서인지 온라인에서 평은 썩 좋지 않고 심지어 '쓰다'고 평하는 사람들도 있는 듯하지만, 나는 좋다. 한 마디로 달지 않고 드라이한 화이트 와인이다.

감각이 둔하면 그 감각의 창을 통해 보이는 세계도 자연히 단순해질 수밖에 없다. 내 세계에서 와인은 맛있는 와인과 맛없는 와인, 그 둘로 구분된다. 물론 맛있는 와인과 맛없는 와인 그사이에 엄청난 스펙트럼이 있겠지만 나는 그것들을 명확히 알아채지는 못하는 사람이다. 대신 '맛있다'와 '맛없다'는 확실히 가려낼 수 있다. 와인에 있어서는 세상을 딱 절반으로 명쾌하게 나눌 수가 있는 것이다. 이 힘은 때론 엄청난 강점이다. 누군가 "이 와인에서는 열대 과일과 감귤, 그리고 바닐라의 섬세한 아로마에 미네랄 터치가 함께 느껴져요."라고 해도 쉬이 쫄지 않게 된다. 나는 '내가 잘 몰라서 못 느끼는 거겠지? 역시 난 안되나 봐'보다는 '뭔 소리야? 내 입에는 시큼하기만 한데. 맛없잖아!'가 가능한, 배짱 있는 사람이 되길 소망한다. 실제로 어느 정도는 그렇게 되기도 했다. 복세편살(복잡한 세상 편히 살자) 하기에는 역시 이쪽이 더 수월하다.

"네가 너무 예민하게 구는 건 아닐까? 내가 보기엔 너도 좀 문제 있어" 하는 류의 가스라이팅을 평생토록 늘어놓더니 이제 와선 "예민한 사람이 가진 강점이 있지. 좀 더 예민해질 필요도 있어." 하는 소리를 슬금슬금 해댄다. 언제나 말은 쉽다. '모난 돌이 정 맞는다'며 합심하여 강제로 모난 부분을 열심히 깎아놓더니 이젠 개성이 없어 못 쓰겠단다. 그때나 지금이나 어느 장단에 춤을 춰야 할지 모르겠다. 일단 오늘도 한 잔 마셔봐야지.

덧붙이는 말 집에서도 와인을 즐기는 사람들이 늘면서 와인잔 베임 사고 등도 급속도로 증가하고 있다고 한다. 누가 봐도 잘 깨지게 생긴 것이 바로 와인잔이고 실제로도 잘 깨진다. 특히 보울 부분에 손을 넣어 박박 닦는 일이나, 비누칠을 한다며 스템 부분을 잡고 보울 방향과 반대로 돌리는 일은 절대 하지 말아야 한다. 그리고 개수대 안에 접시 등 다른 단단한 그릇과 함께 두는 일도 피하자. 가장 중요한 것은 술에 취한 상태로 와인잔 설거지는 금기라는 것. 싱크대 위에 잘 올려두고 다음 날 멀쩡한 정신으로 씻는 것으로. 그럼에도 베임 사고가 발생했다면 바로 응급실로 가야 함을 잊지 말자.

세상살이의 스펙타클함과 어려움

온느 씨의 스파냥 찻잔

세상 모든 그릇은 다 누군가가 만든 것이지만 누가 만들었는지를 클리어하게 알 수 있는 그릇은 더욱 특별하다. 내가 만들었다는 것을 세상 사람들이 뻔히 아는데 건성으로 대충 만들고 사기를 쳐서 팔아넘길 수는 없을 거라고, 한 번이라도 더 들여다보고 그만큼 열과 성을 다해 만들었을 거라는 믿음이 있어서다. 너무 희망 회로를 돌리는 거 아니냐고 할지도 모르겠지만 적어도 나는 내 이름이 붙은 창작물에 대해 이런 태도를 고수하고 있다. 물론, 이건 나 혼자만의 생각일 수도 있다. 하지만 적어도 나는 이름이 붙는다는 것은, 얼굴이 팔린다는 것은 그런 것이라고 생각한다. 지금 당장 네이버에 내 이름만 쳐도 내 얼굴이 대문짝만하게 나오는데 어떻게 감히 헐렁하게 대응할 수 있겠는가.

나는 이러한 나만의 믿음에 기반, '누가 만들었는지 온 세상이 다 안다'는 사실에 나름의 의미를 부여하기에 개인 창작자들의 핸드 메이드 도자기들도 제법 갖고 있다. 이런 애들에는 대량 작업에서는 구현하기 힘든 특유의 개성이 고스란히 담겨있다. 때로는 마이너한 취향이 티 나는 경우도 있다.

내가 가지고 있는 것들이 유명 작가들의 값 비싼 예술

품들인 것은 아니다. 나는 그런 류에는 관심이 없고 제대로 간수할 능력도 못 된다. 대신 나는 개인 창작자들을 위한 펀딩 커뮤니티에 끊임없이 들락거리고, 때때로 오프라인에서 열리는 마켓에도 출석하면서 주로 앙큼하고 깜찍한 것들 위주로 골라 데려오고 있다. 특히 고양이를 모티프로 한 것들을 주로 사냥한다. 정확한 이유는 알 수 없지만 개인 창작의 세계에는 고양이를 모티프로 한 작품이 압도적으로 많다. 이 세계에서는 그 어떤 동물도, 하다 못해 강아지도 열세다. 고양이를 좋아하는 사람들 특유의 감성 같은 것이 창작의 어딘가에 닿아있는 모양이다. 물론 나 역시도 고양이를 좋아한다.

그중 내가 유독 귀여워하는 애는 넓적한 카푸치노 잔 한 가운데에 고양이가 들어앉아 있는 애다. 차로 잔을 채우면 고양이가 찻물로 온천욕을 즐기고 있는 것 같은 모양새가 된다. 아니나 다를까, 요 고양이의 머리 위에는 네모반듯하게 접힌 목욕 수건도 한 장 올라가 있다. 이름부터가 '스파냥 찻잔'이다. 이런 발상 자체가 너무 기발하지 않은가!

솔직히 이 잔이 사용하기 편한 잔은 아니다. 잔 한 가운데 커다란 돌기가 불쑥 올라온 꼴이라 차를 마시다 보면 이 고양이가 자꾸 내 코를 들이박는다. 내 코를 지키려면 일정 각도 이내에서 적당히 기울이며 홀짝홀짝 마셔야만 한다. 설거지할 때도 좀 더 조심스럽다. 식기 건조대에 걸칠 때도 세심하게 걸쳐야 하고 잔을 보관할 때도 잔을 겹쳐 쌓아둘 수가 없어 그릇장 안에서 자리도 많이 차지한다. 가뜩이나 좁아터진 그릇장 안에서 자리를 두 칸이나 차지하는 것도 신경이 쓰이는데 그릇장을 열 때마다 매번 '언제 목욕물을 채워주려나' 하며 기다리는 고양이의 눈치도 살펴야 한다. 따라서 이런 물건은 소수 마니아가 미치는 물건이 될 순 있어도 다수의 취향이긴 힘들다. 나 역시도 특별한 날에만 조심스레 사용하고 있다.

그럼에도 잔을 채울 때 고양이가 익사하는 모양새가 되지 않도록 적당 수위까지만 채우는 것(특별한 과학적 장치 없이 그저 귀여운 고양이 한 마리가 이 잔을 '계영배'로 만든다), 오늘은 어떤 수색의 온천으로 연출해 줄까 궁리하는 것, 뜨끈한 물속에서 몸을 지지고 있는 고양이의 표정을 살피는 것 등은 이 잔만이 줄 수 있는 경험이다. 또한 찻자리에는 다우(茶友), 다른 말로는 차총(茶宠)이라고 하는 친구가 함께하는 것이 또 하나의 재미인데 이 역할을 이 녀석이 대신 해주기도 한다. 그리고 다른 걸 다 떠나서 그냥 덮어놓고 너무 귀엽다. 귀여운 것만 보면 정신을 못 차리는 나에게 귀여움은 곧 힐링이다. 합리적인 사고나 이성의 끈 따위는 가뿐하게 뛰어넘는 것이 바로 귀여움 아닌가! 오죽하면 귀여운 것이 지구를 구한다는 말이 다 있을까.

자줏빛 히비스커스차를 후후 불어가며, 지긋이 눈을 감은 채 입욕을 즐기고 있는 고양이의 얼굴을 살펴본다. 샘플 제품을 보고 구매했지만, 그때 내가 확인한 그 고양이와 지금 내 앞의 이 고양이가 100% 같다고 할 수는 없다. 핸드 메이드 제품이기 때문에 내가 본 고양이보다 이 고양이의 눈꼬리가 조금 더 길 수도, 미간이 좀 더 멀 수도 있다. 털의 얼룩무늬도 당연히 조금 다를 수 있다. 창작자가 고수일수록 이 갭은 줄어든다. '샘플 이미지이므로 실제와는 다를 수 있습니다'라는 말이 커버할 수 있는 범위는 어디까지일까. 내가 수긍할 수 있는 범위는 꽤 넓다고 생각한다. 고양이가 미더덕으로 바뀌어 오지 않는 한은 아마도 수긍할 것 같다. 그래도 샘플을 보고 구매를 결정한 거니까 최대한 샘플과 유사했으면 하는 바람은 있다.

이건 찻잔에만 국한된 이야기는 아니다. 그보다는 내가 기대하고 예상한 것과 다른 결말을 맞게 되었을 때, 이를 어떻게 수용할 것인가에 대한, 그러니까 일종의 태도에 관한 이야기로 봐야 더 맞을 것 같다. 사람마다 허용 가능한 범위는 제각각이다. '겨우 이 정도 때문에 이렇게까지 한다고?' 하는 경우도 봤고, '이 지경인데도 정말 괜찮다고?' 하는 경우도 봤다. 100명의 사람이 있다면 100개의 범위가 있고, 100개의 태도가 있다. 그것은 곧 100개의 세상이기도 하다. 지척에서 부대끼며 살아가는 와중에 다들 엇비슷하게 사는 것 같으면서도 어떤 순간에는 완전히 다른 세상을 사는 것이다. 때로는 이 차이로 인해 갈등이 생기기도 하고 심한 경우엔 전쟁이 일어나기도 한다. 다들 내 마음 같지는 않다는 점이 바로 세상살이의 스펙타클함이자 어려움일지도 모른다. 너무 다른 사람들과 살아가는 일은 때때로 서글프고 때때로 위태롭다.

나 자신을 가장 잘 돌볼 수 있는 사람

나의 차 도구들

애당초 소꿉놀이라는 것이 주방에서 벌어지는 일들에서 비롯된 것이기는 하지만 그중에서도 가장 소꿉놀이 같은 것을 꼽자면 나는 찻자리라 생각한다. 특히 중국식 찻자리가 그렇다. 도구들도 어쩜 그리 앙증맞은지 그 자체만으로도 이미 장난감 같다. 물론 아주 비싸고 잘 깨지는 장난감이란 단서는 붙어야 한다.

처음 중국 차에 입문하며 놀랐던 점은 엄청나게 많은 도구가 필요하다는 점이었다. 처음부터 모든 것을 풀 세트로 갖출 필요는 없으니, 기회가 될 때마다 조금씩 마련해 나가야지 하고 생각했는데 이조차도 만만한 일은 아니었다. '최소한의 도구'는 필요할 텐데 대체 그 최소한이란 어디까지인가. 게다가 이 물건들은 대개 중국 현지에서 사 와야 하는 것들이라 시간도 노력도 더 많이 필요했다. 차를 마시는 사람이 늘고 있다고는 하지만 그건 서양식 차에 한정된 이야기인지, 중국 차와 관련된 물건은 여전히 처음부터 끝까지 전부 다 중국에서 해외 배송으로 받아야 한다. 끝도 없는 검색과 염탐 끝에 지금은 간신히 어느 정도 구색을 갖췄다고 생각한다.

어떤 물을 사용해서 어떤 온도에서 얼마 동안 우려내느냐에 따라 차의 맛은 극과 극을 오갈 수 있다고 한다. 이 말은 어떤 도구를 쓰느냐도 차 맛에 꽤 중요한 요소일 수 있다는 말로도 들린다. 하지만 나는 그런 것은 잘 모른다. 정말로 차를 잘 알고 좋아하는 사람들은 경악할지도 모르지만 나는 그냥 이리저리 물을 옮기고 버리고 쪼르르 따르고 다시 콸콸 물을 붓는 행위 자체를 좋아한다. 앙증맞은 도구들을 손에 쥐었다 내려놨다 하고 뚜껑을 열었다 닫았다 하는 것도 참 좋다. '이러저러한 요소들이 차의 풍미를 극대화해 준다.' 하는 식의 조언들은 모두 제쳐두고 그저 내 눈에 예뻐 보이고 직접 손에 쥐고 싶은 애들만을 모아 나만의 컬렉션을 채웠다. 여기까지 쓰고 보니 차 맛에는 딱히 관심이 없는 게 맞는 것 같다. 그릇 덕후답게 차 도구도 지극히 그런 관점에서 모아 온 것이다.

찻자리 사진을 찍었을 때 가장 그럴싸하게 보이는 것은 역시 개완(盖碗)이다. 기품 있는 밥그릇을 닮은 개완은 뚜껑을 살짝 기울인 채로 닫아 뚜껑과 잔 사이에 틈을 만들고 이 틈으로 찻물을 따라내는 도구다. 개완을 쓰면 차를 따르는 모습 자체가 굉장히 전문가답고 우아해 보인다. 나도 이 모습에 반해 첫 차 도구로 개완을 선택했다.

그렇지만 개완을 직접 쥐어보니 치명적인 단점이 있었다. 손잡이가 따로 없어서 너무 뜨겁다는 것이었다. 익숙해지면 괜찮다고들 하는데 일단 나는 이 부분에는 전혀 적응이 되지 않는다. 어제도 뜨거웠고 오늘도 뜨거웠다. 아마 내일도 뜨거울 테고 모레도 뜨거울 것이다. 때문에 일상적으로 더 많이 꺼내 쓰는 것은 차호(茶壺)다. 미니 찻주전자인 차호는 깜찍한 비주얼에 손잡이도 달려있어 아주 편하다. 차를 따를 때 뚜껑이 추락하지 않게 잘 잡아주기만 한다면 아무 문제 될 것이 없다. 차호에 찻잎을 넣고 뜨거운 물을 붓는다. 잠시 기다렸다 얼른 거름망을 공도배(公道杯)에 걸치고 우러난 차를 따라낸다. 공도배의 차를 찻잔에 적당량 옮기면 이제야 비로소 차 한 잔을 마실 준비가 된 것이다.

이 단계에 오기까지 이미 꽤 많은 차 도구들을 사용하긴 했지만, 나는 찻자리의 백미는 어떤 잔을 고를 것이냐에 있다고 생각한다. 나는 도자기로 된 것을 선호하는데 정말이지 이 잔들은 소주잔보다도 작고 도자기임에도 뒤편의 빛이 투영될 정도로 얇다. 심지어 입에 닿는 느낌이 종잇장 같은 것도 있다. 입술에 잘못 힘을 줬다간 잔 가장자리가 '바사삭' 할 것만 같다. 디테일은 달라도 다들 작고 정교하고 아름다워 매사 조심스레 손을 덜덜 떨며 쓴다. 차의 맛이나 향을 음미할 틈도 없이 그 작은 잔을 손에 쥐었을 때의 그립감과 감촉, 입술에 닿는 느낌 같은 것에 자연히 더 집중하게 된다. 이쯤 되면 촉감을 위해 차를 마시는 수준이다. 첨언을 하자면 이런 잔을 씻을 때는 온몸의 신경이 곤두서는 느낌이다. 씻은 찻잔이 뽀송하게 마른 후, 무사히 그릇장 속 본래 자리로 돌아가기까지 다른 가족들은 부엌 출입을 금지당하기도 한다.

잔이 워낙 작아서 한 잔의 차는 한 모금도 못 된다. 공도배에 담겨있는 차를 다시 찻잔에 따르고, 차호에도 다시 뜨거운 물을 채우고 차가 우러나면 그걸 다시 공도배에 붓는다. 두 번 세 번 네 번 계속 반복한다. 서양식 홍차와 달리 중국 차는 대개 몇 번을 우려먹어도 심하게 떫어지거나 써지지 않아 이런 일이 가능하다. 마시고 채우고 마시고 채우며 종국에는 물고문이 되기도 한다. 셀프 물고문으로 내 배가 터질 때까지 나는 나만의 소꿉놀이를 무한 반복한다. 그래도 나 혼자 마시는 날은 상황이 나은 편이다. 그날의 찻자리에서 차를 내리는 사람을 팽주라고 부르는데 나는 지금도 팽주가 권하는 차를 거절하는 방법을 알지 못한다.

차를 마시기 시작한 후부터 나는 기회가 될 때마다 조금 더 일찍 일어난다. 모두가 잠든 고요한 아침, 다른 이의 잠을 방해하지 않을 정도로 조심스레 달그락거리며 차분하게 차를 고른다. 차를 우려낼 도구를 고르고 찻잔을 골라 뜨거운 물을 붓고 앉아 있는 나 혼자만의 시간이 너무 좋다. 파르르하고 전기 포트에서 물이 끓는 소리, 쪼르르하며 찻물이 흐르는 소리도 모두 사랑스럽다.

    좋아하는 물건을 쓴다는 것은 어차피 해야 할 일을 좀 더 기쁜 마음으로 좀 더 쉬이 할 수 있게 해준다는 것, 거기에 방점이 찍히는 게 아닐까 한다. 어차피 살아야 한다면, 좋아하는 물건들과 오래도록 함께하고 싶다. 나만큼 나의 생활을, 나 자신을 잘 돌볼 수 있는 사람은 이 세상에 없는 법이니까.

사용할 수 없는 접시

로열 코펜하겐과 빙 앤 그뢴달의 연도 접시

'접시'를 사전에서 찾으면 이런 정의를 볼 수 있다. 운두가 낮고 납작한 그릇. 반찬이나 과일, 떡 따위를 담는 데 쓴다. 그런데 애당초 음식을 담는 용도가 아닌 접시가 있다면? 그것은 과연 접시인가, 아닌가.

그런 접시가 실제로 있긴 있다. 그건 바로 장식 접시다. 테이블 위에서의 활용이 아닌, 그림이나 사진처럼 눈으로 감상하기 위해 만들어진 접시라는 뜻이다. 접시 뒤쪽엔 아예 구멍까지 두 개 뚫려있다. 끈을 달아 액자처럼 벽에 걸 수 있도록 하는 용도다. 하지만 이걸 정말 벽에 걸 수 있는 간 큰 사람이 과연 있을까. 접시가 바닥으로 떨어져 와장창 박살이 나기라도 한다면! (네, 저 파워 N형 인간입니다. 항상 최악을 상상하죠)

그중에서도 그해의 연도가 새겨진 연도 접시는 꽤 많은 사람이 결혼이나 출산 등 특정 연도를 기념하는 용도로 모으는 아이템이기도 하다. 매년 접시의 그림이 달라지기 때문에 꼭 기념할 만한 해가 아니어도 한 해를 마무리하며, 혹은 새해를 맞이하며 일종의 루틴처럼 한 장씩 이를 수집하는 사람들도 제법 있다. 이 아이템들은 한정 수량(하나의 몰드 당 30~50개 정도의 접시만 찍을 수 있다고 한다)인 것은 물론이고 그 해가 지나면 그 접시를 찍어내는 몰드 자체를 폐기해 버린다. 이 때문에 똑같은 접시를 만들래야 만들 수 없어 이후엔 전부 빈티지로 구해야 한다. 유럽 플리마켓을 구경하다 보면 이런 접시들을 찾는 사람들이 심심찮게 보이기도 한다.

컨디션이 동일하다는 전제하에 빈티지는 세월이 오래된 것일수록 가격이 비쌀 수밖에 없다. 그런데 연도 접시에는 이 원칙이 따르지 않는다. 비교적 최근에 이런 유행이 대중화되어서인지, 최근 연도의 것은 거의 중고 시장에 나오지 않아 이런 것들이 더 비싼 경우가 대부분이다. 단적인 예로 1980년대 연도 접시보다 2020년대의 연도 접시가 훨씬 비싸다.

나 역시도 이 접시를 들이기로 마음먹은 것은 내가 낳은 아이가 '사람'이 되고 난 후이니 비교적 최근이다. 아이가 사람이 되기 전에는 하루하루가 전쟁통이었기 때문에 연도 접시 따위에 신경을 쓸 겨를이 없었다. 다시 말해 이 접시를 찾기 시작할 때는 아이가 태어난 지 이미 몇 년이 지난 시점이었다는 것. 그때는 가격이 어느 정도 오른 뒤였다. 가격에 있어 고민이 없었다면 거짓말이겠지만 어차피 들일 거라면 하루라도 빨리 들이자는 것이 나의 결론. 빈티지의 가격은 지금이 가장 저렴하다는 말은 언제나 통용되는 진리이기 때문에!

이쪽 방면에선 덴마크 브랜드인 로열 코펜하겐(Royal Copenhagen)의 연도 접시가 가장 유명하지만 사실 이런 접시를 최초로 만들기 시작한 회사는 빙 앤 그뢴달(Bing & Grøndahl)이다. 1895년, 빙 앤 그뢴달은 세계 최초로 크리스마스를 기념하는 장식 접시를 출시했다. 로열 코펜하겐은 이 일을 1908년부터 시작했으니 무려 20년이나 뒤졌다. 이후 빙 앤 그뢴달이 로열 코펜하겐에 인수된 것을 생각해 보면 참 아이러니하다 싶지만, 다행히(?) 지금도 연도 접시는 두 브랜드에서 따로따로 나온다.

두 브랜드의 연도 접시는 흰색을 활용하지 않고 코발트블루의 농담 차이만을 활용한다는 점, 덴마크의 겨울 풍경을 담고 있다는 점 등에서 매우 비슷한 듯하면서도 또 다르다. 로열 코펜하겐은 접시 주위에 액자처럼 테두리가 있고 그 테두리 위에 연도가 새겨져 있지만 빙 앤 그뢴달 것은 테두리가 없다. 대신 크리스마스이브를 뜻하는 'Juleaften'라는 문자와 함께 연도가 새겨져 있다. 나는 두 브랜드의 접시 중 어느 쪽의 그림이 더 귀여운가에 중점을 두어 오랜 고심 끝에 아이 탄생 기념으로 빙 앤 그뢴달 것을 선택했다. 내 생일 연도의 접시가 로열 코펜하겐 것이어서 통일감 있게 아이 것도 로열 코펜하겐으로 할까, 하지만 하필이면 이 해는 로열 코펜하겐 쪽의 그림이 너무 못생겼는걸, 그래도 가족이니까 의미 측면에서는 같은 브랜드 것으로 선택하는 게 역시 더 좋을까 등을 꽤 오랜 시간 고민한 결과였다.

그런데 배송을 받고 보니! 상자 안엔 뜬금없이 로열 코펜하겐의 물건이 들어 있었다. 내가 그리도 고심 끝에 내 장바구니 속에서 퇴출시켰던 바로 그 접시였다. 빈티지 거래 중 처음으로 겪은 오배송이었다.

빈티지 그릇은 대부분 택배 거래가 기본이다. 그 말인즉슨, 언젠가 한 번은 배송 사고가 난다는 뜻이기도 하다. 그나마 오배송은 나은 편이다. 교환 절차가 진행되는 사이 내가 원래 희망했던 그 물건이 다른 소비자에게 팔리지만 않는다면. 파손 사고는 최악이다. 빈티지 특성상 재고가 넉넉할 수 없으므로 그 물건을 다시는 못 구할 수도 있다.

배송 사고가 날 경우 보통은 판매자 측에서 보상을 해주지만 재수가 없는 경우(특히 해외 중고 거래의 경우) 판매자가 합의를 해주지 않고 잠수를 타는 때도 있고, 기본적으로 일 처리에 시간이 오래 걸린다. 시차에, 언어적인 장

벽에 정신 소모가 클 수밖에 없는데 그 과정에서 소모된 나의 시간과 감정에 대한 보상은 어디서도 받을 수 없는 게 현실이다. 그래서 나는 어쨌든 한국인 바이어를 선호한다. 사람마다 다르긴 해도 기본적으로 한국인 바이어는 일 처리가 빠르고 소통에도 큰 문제가 없다.

다행히 오배송된 로열 코펜하겐 접시가 수거도 되기 전에 빙 앤 그뢴달의 물건이 도착. 엄청난 배송 인프라를 빛내주는 건 한국인 특유의 믿음이 아닐까 싶다. 오배송된 물건은 언제가 되었든 돌려줄 거라는 믿음에 기반한 빠른 재발송이라니, 정말이지 이건 한국에서만 가능한 일이 아닐까.

이 접시는 튼튼한 접시 거치대를 하나 마련해서 거실장 위에 꺼내두었다가 나중에 아이가 성인이 되고 독립하게 되면 선물로 줄 생각이다. 부디 그때까지 무사하길!

인간은 구질구질하고 추잡하고 치졸하고 치사하고 나약하고 또 악하다

포트메리온 블루 하비스트

빈티지로만 구할 수 있는 그릇들이 종종 당근에 올라오기도 한다. 당근 앱을 열고 이런 것들을 구경하는 것도 나름의 재미다. 하지만 나는 당근에서 매일 같이 눈으로 보기는 하지만, 여기서 실제로 뭘 사거나 파는 일은 거의 하지 않는다. 초반에 몇 번 이상한 사람들을 만나 심하게 데였고, 중고 거래라는 것이 단순히 이 물품이 중고여서 저렴한 게 아니라 이런 사람들을 상대하고 비위를 맞추는 비용이 포함된 거구나, 하는 것을 체감하게 된 후 여기는 감히 내가 버틸 수 있는 바닥이 아님을 알았다. 얼마 되지도 않는 금전적 이득을 위한다기보다는 멀쩡한 그 물건 자체가 버려지는 것이 아까워서 당근을 통해 새로운 주인을 찾아주려 시도한 경우가 많았는데 지금은 뭐가 됐든 전부 다 버린다. 지구에게 미안하긴 하지만 더 이상 인류애를 말살시켰다가는 나도 내가 무슨 짓을 할지 모르겠기에 어쩔 수가 없다. 인간은 구질구질하고 추잡하고 치졸하고 치사하고 나약하고 또 악하다. 간혹 점잖은 상대를 만나더라도, 누군가와 연락하고 길든 짧든 이야기를 나누고 일정을 잡고 만나는 일련의 일들 자체가 생각 외로 시간과 체력과 에너지가 드는 일이기도 하다. 그 부분을 돈으로 채울 수 있다면, 차라리 돈으로 채우는 게 낫다는 결론이 났다. 이건 내가 돈이 넘쳐나서가 아니라 시간과 체력과 에너지가 없어서 그렇다.

또한 물건의 상태를 제대로 알아챌 수 있는 날카로운 눈이 내게 없다는 것도 당근을 꺼리는 이유 중 하나다. 하자가 있는 물건을 두고 하자가 없다고 교묘하게 속이는 사람을 만났을 때, 과연 그걸 내가 간파할 수 있을까? 솔직히 자신이 없다. 서로서로 좋은 마음으로 솔직하게 거래하면 좋겠지만 그렇지 않은 경우도 많으니까. 내 돈과 시간과 에너지를 써서 구한 물건이 알고 보니 하자품이라면! 생각만 해도 벌써 열이 끓어오르는 것 같다. 그런 위험한 일은 되도록 피하고 싶다.

하지만 그 와중에 도저히 놓칠 수 없는 물건을 만나기도 한다. 이 모든 수고로움을 감수하고 품을 들이더라도 놓치기 아까운 물건! 그렇게 포트메리온의 블루 하비스트(Blue Harvest)를 만났다. 포트메리온은 보통 보타닉 가든으로 대표된다. 흰 바탕에 초록 풀잎 테두리가 쳐져 있고 가운데는 꽃이 크게 들어가 있다. 누구나 '아, 그거!'라고 할 바로 그 그릇이다. 신혼부부들이 혼수용 그릇으로 많이 선택하는 걸로 알고 있고 실제로 내 주위 친구들도 그렇게 했는데 내 취향은 아니라 우리 집에는 보타닉 가든

이 단 한 점도 없다. 이 녀석이 내 취향이 아닌 이유는 일단 그릇 자체가 두툼해서다. 나는 애당초 두툼한 그릇을 선호하지 않는다. 그리고 내 눈에는 두툼하고 투박한 느낌의 그릇과 산뜻한 꽃무늬가 다소 부조화처럼 느껴지기도 한다. 투박할 거면 완전히 투박하고, 산뜻할 거면 완전히 산뜻한 쪽이 좀 더 내 취향이다.

하지만 같은 포트메리온이라고 해도 블루 하비스트는 느낌이 완전히 다르다. 일단 두툼하지 않다. 그리고 화려한 꽃이 전하는 산뜻함보다는 차분하고 세련된 쪽이다. 무엇보다 90년대 중반에 한시적으로 생산되다 바로 단종이 됐고, 국내에 소개된 적이 많지 않아 꽤 희귀한 녀석이다. 이런 녀석이 당근에 떡하니 올라와 있는 것이다! "30년 정도 된 물건인데, 보관만 했고 사용한 적이 없어서 매우 깨끗합니다"라는 문장 하나가 판매자가 올려둔 설명의 전부였다. 블루 하비스트인데 상태가 좋다고? 실사용을 안 했다고? 저 말들이 진실인지 거짓인지도 모른 채 내가 구매하겠다고 했다. 지금 생각해 보면 분명 뭔가에 홀렸던 것 같다.

이 녀석을 데려오기 위해 무려 주말 아침에 차까지 끌고 망원동으로 나갔다. 판매자는 응암동에서 지하철을 타고 온다고 했다. 평일에는 일 때문에 망원동에 있는데 주말에는 안 가거든요. 그래서 집에서 출발해요, 라는 메시지가 와있었다. 망원동의 한 빌라 앞에 차를 세우고 한참 동안 기다렸다. 물건은 먼지를 탔지만, 설명처럼 상태는 정말 좋았다. 눈에 띄는 칩, 크랙, 빙열이 없고 변색이나 착색도 없었다. 무늬가 소실된 부분도 없는 것 같았다. 30여 년의 세월을 겪으며 아주 약간 빛이 바랬지만 이 정도면 A급, 어쩌면 민트급일 물건이다. 거래는 바로 성사됐다. 만약 지금까지 내 눈에 안 띈 하자가 있다면 앞으로도 영원히 눈에 띄지 않기를 바랄 뿐이다.

도자기 계에서 파란색은 이미 익숙하다. 특히 흰 바탕에 파란 무늬, 청화백자 스타일은 이 세계의 스테디셀러다. 아주 많은 브랜드의 아주 많은 제품이 제각각의 방식으로 청화백자를 닮았다. 이 계통의 물건들은 청명한 블루와 화이트 컬러가 대비되며 깔끔하고 고급스럽다. 덴마크 왕실 브랜드라는 로열 코펜하겐도, 국민 커피잔으로 이미 소문난 쯔비벨무스터(Zwiebelmuster)도, 일본 특유의 감성을 뽐내는 마메종(Ma Maison)의 블루 로즈(Blue Rose)도 모두 청화백자 에디션이나 다름없다. 특히 나는 풍성한 블루 컬러가 주는 특유의 청량감을 몹시 즐기는 사람인지라 이런 부류의 물건이 이미 집에 많다. 요즘은 일부러 파란 물건을 자제하고 있지만 그래도 상태 좋은 블루 하비스트는 참을 수 없으니까, 이날도 주섬주섬 외투를 걸치고 운전대를 잡았다.

누군가는 분명 '다 똑같잖아!'라고 할 거다. 그 미묘한 차이를 알아채지 못하는 사람에게 "하늘 아래 같은 블루란 건 없어!"라고 해봐야 공허한 외침이다. "컵이 왜 그렇게 많이 필요해?" 하는 질문도 마찬가지다. 어차피 합리적인 이유 같은 것은 없다. 온종일 남의 비위를 맞추고 겨우겨우 월급을 받는데, 컵 하나도 내 마음대로 못 사? 하는 그악스러운 대답만 내놓을 수 있을 것이다. 그리고 이런 대답을 할 때는 눈도 어느 정도 뒤집어줘야 한다. 역시 인간은 구질구질하고 추잡하고 치졸하고 치사하고 나약하고 또 악한 게 맞다.

부드러운 스펀지에 주방 세제를 묻혀 묵은 먼지를 닦아냈다. 새것처럼 깨끗하다. 마른 수건으로 물기를 깔끔하게 닦아두고 빨간 딸기를 잔뜩 올린 타르트를 만들었다. 하비스트라는 명칭이 주는 풍성함에 걸맞게 딸기를 잔뜩, 산처럼 올렸다. 하양과 파랑, 그리고 빨강 이 셋의 조화 또한 아주 찰떡 같다. 만족스러운 주말 오후의 티타임이 시작됐다.

할머니와 송편
아코팔 할리퀸 6조 세트

워낙 유행이 빨라 다들 벌써 다 잊었을지도 모르지만, 몇 년 전에 갑자기 레트로 열풍이 불며 주스나 우유 브랜드의 로고가 박힌 일명 '레트로 유리컵'의 몸값이 훅 뛰어올랐던 적이 있었다. 1980~1990년대쯤에 판촉용이나 사은품으로 돌리기 위해 만든 것들이라 본래 돈을 주고 사는 물건은 아니었으나 시일이 지나고 일부러 이런 물건들을 찾는 사람들이 생기니 이젠 돈 값하는 물건이 되어버린 것이다. 그 와중에 본가 부엌 깊숙한 곳이나 시골 할머니 댁 찬장 속에 이런 컵들이 잔뜩 있어 "여기가 노다지다!" 하고 냉큼 쓸어왔다는 글들이 한동안 줄을 잇기도 했다.

앞서 몇 번 밝힌 적이 있지만 내 할머니는 이런 방면에 꽤 고급스러운 취향을 갖고 있는 분이었기에 이런 '공짜'들을 당신 집에 두는 것을 용납하지 않았다. 대신 할머니 집 찬장에는 진짜 '밀크 글라스'가 있었다. '밀크 글라스'를 한국말로 하면 '우유잔'이 되겠지만 이건 진짜 그 '우유잔'을 말하는 것은 아니다.

16세기경 베네치아에서 탄생한 밀크 글라스(Milk Glass)는 도자기와 유리 사이 그 어디쯤 위치하는 소재 자체를 일컫는 말이다. 우유(보단 사실 밀키스에 더 가깝다고 생각한다)처럼 뽀얀 색감이면서도 빛이 절반 정도는 투과되어 반투명과 불투명의 매력을 동시에 뽐내는 일타쌍피 같은 맛이 있는 녀석이다. 화려한 새 물건이 넘쳐나는 시대에 고풍스러운 물건들이 여전히 사랑을 받는 이유 중엔 따뜻한 느낌이랄까, 오랜 세월 동안 누군가의 사랑을 받아 왔다는 그 사실 자체에서 비롯하는 온기 같은 것이 한몫한다고 생각하는데 이 지점엔 분명 밀크 글라스가 자아내는 느낌과 닮은 부분이 있다. 가벼운 플라스틱 같은 느낌도 없잖아 있는데 그렇기에 더 앙증맞고 새초롬해 가끔은 장난감 같아 보이기도 한다.

아무튼 할머니 집에 있던 밀크 글라스는 D자 모양의 손잡이가 달린 머그잔을 비롯하여 크고 작은 접시 등 그 종류도 다양했다. 그 당시엔 내가 너무 어려서 잘 몰랐지만, 어느 정도 물건을 알아보는 눈이 생기고 나서 다시 보니 머그잔들은 파이렉스(Pyrex)였고 접시들은 아코팔(Arcopal)이었다. 특히 접시는 아코팔 중에서도 흰 바탕에 색색깔의 아네모네가 과하지 않게 표현된 물건이었는데 이 접시에 반찬이나 요리가 담긴 적은 단 한 번도 없었다. 이 접시에는 주로 과일이나 떡이 올랐다.

할머니는 자식들에게 명절 음식이나 반찬, 김치 따위를 한 보따리씩 싸주는 그런 할머니는 아니었고 도리어

깍쟁이 같은 구석이 있는 양반이었는데 그 와중에 음식 솜씨는 정말 좋은 분이었다. 여기서 말하는 음식 솜씨란 시골 할머니의 손맛, 따스한 집밥의 맛 같은 것이 아니라 다소 전문 요리사 같은 느낌에 가깝다. 지금 돌아보면 음식들이 노인네 음식 같지 않게 전부 깔끔하고 세련된 맛이 있었다. 심지어는 열무김치조차도 모던했달까. 까탈스러운 할머니의 비위를 맞추느라 한평생을 시달린 엄마조차도 "그래도 그 할머니가 음식은 진짜 잘하셨지."라고 할 정도니 더 이상의 부연 설명은 필요 없으리라.

  그런 할머니가 아코팔 아네모네 접시에 자주 올린 것은 떡 중에서도 직접 빚은 송편이었다. 방앗간에서 빻아온 멥쌀가루를 더운물로 반죽하고 꿀에 버무린 깨며 삶은 콩이며 팥이며 하는 소를 넣어 빚고, 면 보자기 위에 솔잎을 잔뜩 깔아 찜기로 쪄낸 진짜 수제 송편이었다. 명절 전날에, 부엌에 끌려 들어가 송편 속을 채우면서 너무 크네, 너무 작네, 모양이 어떻다고 하는 핀잔을 끊임없이 들었던 나였지만 그래도 갓 찜통에서 나와 김이 모락모락 나는 송편이 아코팔 아네모네에 담겨 나오는 순간은 마냥 좋았다. 떡 반죽도 어떤 것은 하얀색을 그대로 썼고 어떤 것은 쑥을 넣어 녹색으로 만들고 또 어떤 것은 뭘 넣었는지는 잘 모르겠지만 핑크빛을 내거나 노랗게도 했기에 제법 알록달록했는데 그게 몽글몽글한 느낌을 주는 흰 밀크글라스 접시와 무척 잘 어울렸던 기억이 난다.

최근에 아코팔의 할리퀸(Harelquin) 찻잔 6조 세트를 들였다. 1960~1970년대 제작된 할리퀸의 잔 안쪽은 반짝거려 마치 자개로 씌운 것 같은 인상을 주고 빛에 따라 색깔이 조금씩 달라진다. 잔의 바깥쪽은 반들반들하면서도 반투명한 우윳빛인데 색은 핑크, 베이지, 하늘색, 보라색 등 여섯 가지 파스텔톤. 색상에 따라 채도 및 색온도가 달라 무척이나 발랄해 보이는데 작고 동글거리는 모양새와 몽글몽글한 색상이 예전의 그 송편을 연상시킨다. 누군가는 마카롱이라 하겠지만 내 눈에는 딱 송편이다.

유감스럽게도 할머니가 그립다거나 하는 느낌은 별로 없다. 그리워하고 말고 할 만큼의 감정적 교류가 없었던 게 사실이고 까놓고 말해 우린 서로 사랑하지 않았으니까. 똘똘하다는 것 외에는 워낙에 귀염성이 없는 손녀였기도 하니 나를 사랑하지 않을 수도 있다고, 그때는 막연하게 그렇게 생각했던 것 같다.

하지만 내가 아이를 낳고 양가의 어르신들이 아무 조건 없이 몸과 마음을 다해 손주를 사랑하는 것을 보고 나니, 뭔가가 잘못되었던 게 맞긴 했다는 것을 뒤늦게 알았다. 할머니는 나에게 왜 그랬을까, 이제는 그 이유를 알지만 내 잘못으로 인한 것은 아니니 굳이 언급하고 싶진 않다. 그보다 내 아이는 그런 결핍 없이 자랄 수 있어 얼마나 다행인가. 그런 결핍이 내 세대에서 끝날 수 있다니 얼마나 다행인가. 할머니가 조건 없이 주는 푸근한 사랑에 대한 결핍을 채울 기회는 나에게 끝내 주어지지 못했지만 그렇게 별로였던 할머니였음에도 돌아가시고 난 뒤, 그나마 한 번씩이라도 안부를 묻던 친척들의 얼굴을 영영 볼 수 없게 되었다는 점과 김이 모락모락 나는 진짜 수제 송편을 우윳빛 접시에 담아 먹을 수 없게 되었다는 점은 조금 먹먹하기도 하다.

다른 사람이 되어보는 일
파이어 킹 제디트 컵 앤 소서

팬데믹으로 인해 막혔던 하늘길이 뚫리고 실로 오랜만에 암스테르담에 다시 닿았다. 몇 년 만의 출장이었다. 암스테르담 지점장님을 만나 식사를 하던 중, 요즘 K-pop과 K-drama로 인해 네덜란드 안에서도 한국에 관한 관심이 굉장히 커졌다며, 이전과는 분위기가 사뭇 다르다는 이야기가 나왔다. 한국어를 배우는 사람도 늘었고 한국과 관련된 것들이 주목받고 있다며 특히 한국 차가 아주 인기라고 했다. 특정 차종의 경우엔 지금 계약해도 1년 반 이상을 기다려야 하는 정도라고 하셨다. 한국 사람들은 유럽 차를 사려고 1년 반을 기다리는데, 유럽 사람들은 반대로 한국 차를 사려고 1년 반을 기다린다고요? 유럽 차가 훨씬 좋지 않아요? 하는 내 물음에 의외의 답변이 돌아왔다.

"뭐를 좋아해 본 적 없죠? 예를 들면 홍콩 영화가 좋아서 거기 나온 것들이 괜히 멋져 보이고 따라 해보고 싶고, 갖고 싶었다거나?"

설마 그럴 리 있겠는가! 생각해 보니 나에게도 그런 물건이 있었다. 나는 홍콩 시네마 키즈의 막차를 가까스로 잡아탄 세대다. 막차 뒤꽁무니에 매달리다 보니 홍콩 영화 중에서도 아주 유명한 것들 위주로 경험했고 자연스레 그런 것들에 빠졌다. 이를테면 〈화양연화〉 같은 것 말이다. 〈화양연화〉는 비교적 최근에 리마스터링 버전으로 재개봉을 해 어린 친구들도 제법 알고 있을 영화다. 이 영화 속에서 장만옥은 수십 벌에 달하는 치파오를 입었다고 해 화제가 되기도 했는데 그보다 더 내 눈길을 사로잡은 것은 장만옥과 양조위가 함께 커피를 마시고 스테이크를 먹을 때 등장한 영롱한 민트빛의 커피잔과 오벌 형태의 디너 플레이트였다. 바로바로 파이어 킹(FireKing)의 제디트(Jadeite)다.

1960년대 초반을 배경으로 하는 이 영화는 거의 강박에 가까운 수준으로 현실을 고증한 것으로도 유명하다. 60년대는 실제로 파이어 킹의 전성기였다. 영화 속 둘은 레스토랑에서 식사를 하는데 특히나 제디트는 호텔이나 고급 레스토랑에 납품되던 제품이라 다른 라인의 제품들보다 좀 더 두껍게 만들었다는 기록이 있다고 하니 〈화양연화〉는 그릇 고증마저도 완벽한 영화라 할 수 있을 것이다. 완벽 그 자체인 미장센과 둘 사이의 숨 막히는 감정선 따위가 아니라 파이어 킹의 제디트를 비롯해, 장만옥의 남편이 출장을 갔다 사 들고 온 일제 코끼리 밥솥이나 장만옥이 국수를 포장해 올 때 사용한 파스텔 톤의 보온병

같은 것만 보였으니 나도 참 어지간하다. 이미 그 시절부터 그릇 덕후의 싹수가 보였던 거라고 밖엔 설명할 수 없다.

그렇지만 지금은 60년대도 아니고, 여긴 홍콩도 아니니까, 반투명한 민트빛 커피잔이 지금의 우리 집에 과연 어울릴까. 영화 속 그 장면, 그 분위기에서 찰떡인 건 분명한데 말이다. 이게 또 달리 보면 예전에 학교 앞 분식집에서 떡볶이나 순대 따위를 담아주던 그 초록빛 멜라민 그릇스러워 보이는 느낌도 없잖아 있는 것도 같고. 이 때문에 한 번 실물을 볼 수 있었으면, 하는 마음만 오래도록 갖고 있었다. 마음은 마음일 뿐 그간 실제로 볼 기회가 없었는데 우연히 들렀던 교외의 작은 카페에서 제디트의 실물을 손에 쥐어볼 수 있었다.

소감은 역시 화면은, 사진은 실물을 담지 못한다는 것! 특히 밀크 글라스처럼 빛에 따라 비주얼이 완전히 달라지는 물건은 더더욱 그럴 수밖에 없다는 것. 또한 앞서 '민트빛'이라 표현하긴 했지만 사실 그건 요즘 식 표현이고 제디트에는 맞지도 않다. 이건 정말이지 옥색이 맞다. 반투명하게 빛이 투과되는 밀크 글라스의 특성상, 말 그대로 일종의 보석 같아 보이기에 민트보다는 옥이나 비취에 비유하는 것이 더 어울린다. 이 물건이 만들어지던 시절, 미국에선 오리엔탈 바람이 불어 동양적인 물건들이 인기가 많았기에 일부러 이런 색상을 써서 제작했다고 했다. 아, 이전에 언급했던 아코팔이 프랑스 물건인 것과 달리 파이어 킹은 미국 물건이다. 이름부터 파이어 킹, 내열 강화 유리라는 사실을 너무나도 드러내어 대놓고 밝히는, 몹시도 미국스러운 작명이다.

파이어 킹, 특히 제디트의 경우는 찾는 사람이 많지만, 시중에 풀려있는 수량은 많지 않아 커피잔과 소서 한 조당 국내 기준으로 대략 7~8만 원 정도는 줘야 구할 수 있고 그나마도 타이밍이 잘 맞아야 한다. 본래 그 시절 미국에선 식료품 가게(지금으로 치면 작은 마트 정도일까)에서 주로 판매했고 오트밀이나 밀가루를 사면 하나 끼워주고, 영화관이나 주유소에서 사은품으로 주기도 했었다니 지금의 몸값을 보면 기함할 노릇이다. 이베이로 가면 상황이 약간 나아지기는 하는데 배송대행지를 거치는 등의 수고를 생각하면 이도 만만한 일은 아니다. 한때는 레스토랑에 납품될 정도로 흔했던 제품이었는데 지금은 다 어디로 갔을까? 그 많던 파이어 킹은 누가 다 깼을까? 깨지지 않고 아직 남아 있는 녀석이 있다면 그것은 어서 우리 집으로 와야 한다. 빈티지의 가격은 지금이 가장 저렴하니까.

 나는 주로 아침에 비몽사몽인 상태로 빈속에 들이붓는 뜨뜻한 차나 커피를 즐기며 위 건강을 해치는 짓을 자주 하는 사람이지만 이날은 영화 속 두 사람이 그랬던 것처럼 든든하게 식사를 마친 후 어둑어둑한 시각에 전기 포트에 물을 올렸다. 영화 속에서 장만옥과 양조위는 각자의 배우자가 되어 마주 앉고, 그들이 했을 것 같은 일들을 어림짐작하여 흉내를 내본다. 그들이 부러워서도 아니고 그들이 미워서도 아니고 그들을 이해해 보려고 노력하기 위해서도 아니다. 삶이란 그저 그렇게 끝없이 다른 사람이 되어보는 일이니까. 나 역시도 제디트를 손에 쥐며 잠시나마 다른 사람이 되어본다. 어쩌면 그것이야말로 내가 끝없이 그릇을 모으는 이유일지도 모르겠다.

그릇을 만들어보자

내가 만든 접시

뭔가를 좋아하다 보면 그것을 자꾸만 들여다보고 자꾸만 만져보게 된다. 그러다 보면 '이건 어디에서 왔을까, 어떻게 만들어졌을까'까지 전부 궁금해지기 마련이다. 알면 알수록 더 알고 싶고 더 궁금해지는 것이 애정과 관심의 특성이 아닐까. 그렇게 나는 그릇을 만들어보기로 했다. 육아 휴직을 마치고 업무 복귀를 이틀 앞둔 소중한 시점이었다. 자칭 타칭 그릇 덕후인 나다운 결정이었다고 생각한다.

내가 찾은 공방에서의 수업 내용은, 정확히는 접시 자체를 만드는 것이 아니라 이미 만들어진 접시에 나만의 취향을 담아 꾸미는 데에 중점이 있었다. 어떤 장식을 어느 위치에 어떻게 배치하느냐에 따라 접시의 느낌이 아주 달라지는데 역시 가장 어려운 점은 하나부터 열까지 모두 내가 정해야 한다는 점이었다. 이런 수업에서 대개 그렇듯, 선생님에게 의견을 구해봐도 "이건 이거대로 예쁘고 저건 저거대로 예뻐요" 하는 분위기로 "오! 너무 귀여워요!" 하는 말만 앵무새처럼 반복하신다. 이 말도 옳고, 저 말도 옳다. 당신의 취향은 그 자체 그대로 존중받아 마땅하고 나는 당신의 취향을 평가하지 않는다는 굳은 의지가 돋보이는, 흔들리지 않는 리액션. 즉, 내가 만든 작품은 잘되거나 못되거나 오직 나의 선택과 결정이 초래한 나의 책임이 되는 것이다.

백자토와 석고 틀을 활용해 장식용 토핑을 만드는 원리는 어릴 적 많이 해봤던 찰흙이나 지점토 놀이와 유사하지만, 기존에 만져봤던 찰흙이나 지점토에 비해 이 흙 반죽은 정말 훨씬 훨씬 더 쫀쫀하고 단단해서 깜짝 놀랐다. 약간은 굳은 찰흙 느낌이랄까? 이 흙 반죽을 찰지게 반죽(이미 팔이 아파져 왔다)해서 빈틈이나 헐거운 부분이 생기지 않도록 석고 틀에 꾹꾹 눌러 넣어 장식용 토핑을 만들어야 하는데 이 작업에 생각보다 완력이 많이 필요해 한 번 더 놀랐다. 역시 모든 일은 몸으로 한다. 체력이 필요하지 않은 일은 세상에 없다.

가사 노동은 여자의 몫이라는 따위의 생각을 하고 있진 않지만 그럼에도 여전히 그릇은 여자들의 물건이 아닐까, 하는 생각이 내 머릿속 어딘가에 있었던 게 사실이긴 하다. 일단 내 주위에는 그릇에 취미를 붙인 남자가 없기도 하고. 그래서 그릇을 만든다고 했을 때 어렴풋이 연상되는 이미지는 가녀린 손목과 팔뚝을 가진 여성이 기다란 손가락으로 흙덩어리를 달래듯이 살살 어루만지는 모습에 가까웠는데 지금 생각해 보면 이건 물레질하는 모습이었던 것 같다. 물레질은 그릇을 만드는 여러 방식 중 한 가지일 뿐인데 말이다. 어쩌면 〈사랑과 영혼〉 속 장면이 알게 모르게 나의 뇌리에 깊이 박혀있었는지도 모를 일이다.

　백자토 반죽을 힘주어 꾹꾹 눌러 석고 틀 속에 밀어 넣고 틀 바깥으로 삐져나온 부분의 반죽은 엄지손가락으로 힘을 주어 빗겨 밀어 벗겨낸다. 이 과정에는 힘도 많이 들거니와 엄지손가락의 피부가 반복적으로 쓸리는 아픔이 있었다. 그렇게 힘들게 만들어도 틀 바깥으로 이 토핑을 꺼내는 과정에서 찢어지기도 하고 늘어지기도 하고 손톱자국이 찍히기도 한다. 무사히 잘 꺼냈다 해도 접시에 배치하는 과정에서 뭔가 잘못되기도 한다. 대부분은 회생 불가다. 야속하게도 반죽부터 다시 해서 다시 석고 틀에 밀어 넣어 새롭게 만들어야 한다. 애당초 나는 화려한 스타일로 만들 거라는 마음을 먹고 갔던지라 그만큼 장식용 토핑을 많이 만들어야 해 시행착오도 많았고 시간도 제법 걸렸다. 그렇게 제한 시간 내에 간신히 큰 접시 하나와 작은 접시 하나를 만들었다.

　어찌저찌 완성한 작품은 응달에서 건조한 후 유약을 바르고 고온의 가마에 넣어 구워내야 한다. 여기까지 필요한 시간은 대략 한 달 반이라 했다. 이 과정에서 벌어지는 구체적인 내용은 내가 관여하지 않아 알 수 없고 전부 선생님이 알아서 해주신다. "굽다가 깨지면 어떡해요?"라는 내 질문에 "그런 일은 거의 없긴 한데 만약 그렇게 되면 제가(미리 찍어놓은 사진을 보고) 최대한 비슷하게 만들어드려요"라고 하시는 선생님. 생각만 해도 별로다. 선생님이 만든 접시가 훨씬 더 완성도가 높긴 하겠지만 그래도 그건 내가 만든 접시가 아니니까. 부디 그런 일이 벌어지지 않기를 바랄 뿐이다.

어느덧 접시가 완성되었다는 연락을 받았다. 사무실로 복귀해 눈코 뜰 새 없는 나날을 보내느라 한 달 반의 시간이 지난 줄도 몰랐다. "바쁘실 텐데 택배로 보내드릴게요"라는 제안에 "기껏 다 만들어놓고 오다가 깨지면 안 되잖아요!"를 외치며 없는 시간을 쪼개어 직접 접시를 받으러 갔다.

완성된 접시를 마주하고 보니 기대 이상인 부분도 있고 기대 이하인 부분도 있고, 만감이 교차한다. 내가 예쁠 거라 예상했던 부분은 생각보다 그저 그랬고 별 기대 없이 만들었던 부분이 더 앙증맞고 귀엽게 완성되어 있어서 의외였다. 높은 온도에서 구워지며 수분이 빠져 접시의 크기가 많이 줄어들었음에도 생각보다 무게가 묵직해서 그것도 놀라움 포인트. 새로운 일을 경험한다는 것은 역시나 놀라움의 연속이다. 그렇기에 우리는 끊임없이 새로운 일과 새로운 경험을 찾아 나서는 게 아닐까. 요즘 들어 너도나도 루틴을 강조하고, 실제로 루틴이 중요하다고는 해도 매일 같이 똑같은 모습으로 사는 것도 사람이 할 짓은 못 되지 않는지.

내가 만든 접시는 생고생하며 만든 장식적인 요소 덕분에 제법 화려하게 완성이 됐음에도 청화백자 스타일이라 어지간한 다른 식기와 아무렇게나 매칭해도 무난하게 어울린다. 개시를 위해 집에 있는 푸르스름한 잔을 꺼내고 재빨리 치즈타르트를 구워봤다. 찰떡까진 아니어도 나쁘지 않은 조합이다. 좀 더 찰떡인 조합을 찾아 그릇장 안의 다른 아이들과 이리저리 매칭을 시도해 봐야겠다.

허무는 공평하게
아라비아 핀란드 똔뚜

작년 겨울엔 상당수 카페가 11월부터 크리스마스트리를 설치했던 기억이 난다. 트리를 크리스마스보다 이전에 꺼내두는 것은 괜찮지만, 크리스마스를 기대하게 한다는 점에서 도리어 더 좋기도 하지만 희한하게도 크리스마스가 지난 후에 트리가 남아 있는 것은 왠지 꼴사납게 느껴진다. "한번 조립해서 설치한 트리는 3월까진 두는 거예요"라는 선언의 반은 우스갯소리고 반은 진심이겠지만 그건 일반적인 가정집에서나 통할 얘기고 유행을 추구하는 공간에는 절대 어울리지 않는다. 12월 27일에는 언제 그랬냐는 듯 치워버려야 속이 시원하다.

그릇도 마찬가지다. 기본적으로 그릇에는 계절감이 없지만 크리스마스 관련 그릇들은 그렇지 않다. 두툼한 빨간 외투를 뒤집어쓴 산타클로스나 목도리를 칭칭 감은 눈사람이 또렷하게 새겨진 그릇들을 여름에 쓸 수는 없다. 보기만 해도 진땀이 난다. 우리 집은 유행을 좇는 카페가 아니지만 나 역시도 크리스마스 분위기를 듬뿍 품은 그릇들은 11월부터 크리스마스까지, 좀 더 양보해서 12월 31일까지만 쓴다. 새해에는 싹 치워버리고 또다시 다음 11월을 기다린다.

11월부터를 크리스마스 시즌의 시작이라고 본다면 이

시즌에 유독 수요가 폭발하는 빈티지가 있다. 그건 바로 아라비아 핀란드의 똔뚜(Tonttu) 머그잔이다. 북유럽에서 산타클로스를 도와주는 요정을 뜻하는 똔뚜는 이미 산타클로스의 인기를 넘어섰고, 이 똔뚜를 깜찍하게 그려 넣은 아라비아 핀란드의 머그잔은 진짜 진짜 구하기 어렵다. 요즘은 상품의 컨디션을 꼼꼼히 따지고 구매할 여력조차 되지 않아 눈에 보이면 무조건 사야 하고, 잠시 망설이는 사이 누군가 낚아채 가는 일도 부지기수다. 요구는 많은데, 시장에 풀린 물건의 수는 매년 줄어드니 문자 그대로 부르는 게 값. 가격은 이미 천정부지로 뛰었다. 4~5년 전까진 10만 원대 중후반에 거래됐지만 지난겨울엔 무려 40~50만 원대에 육박했다. 머그잔 하나가 40~50만원이라니! 금을 담아 먹어도 그 정도는 못되겠다 싶지만, 별 대책은 없다. 눈물을 머금고 포기하거나, 눈물을 머금고 지르거나. 빈티지의 가격은 오늘이 가장 저렴하다는 말은 언제나 옳다. 다행히 나는 이 정도 가격이 되기 전에 똔뚜를 들였다. 그래도 두 개를 한 번에 들일 여력은 되지 않아 외롭게 덜렁 하나만 들여 그릇장 깊숙한 곳에 숨겨놓고 아무도 없을 때 몰래 꺼내 나 혼자 쓴다. 설거지도 벌벌 떨며 한다. 만약 내 실수로 이걸 깨는 날이 온다면 아마 나는 나 자신을 절대 용서하지 못할 것이다.

하지만 혼자만 몰래 쓰는 컵의 가치란 무엇인가. 나만 알고 싶고 나만 쓰고 싶어서 숨겨두기까지 했으면서 이 컵을 꺼내는 날은 정말이지 미친 듯이 사진을 찍는다. 이 귀여움을 나만 알 순 없다는 마음으로 정신을 놓은 듯 셔터를 누른다. 자랑은 할 거지만 아무에게도 실물을 보여주진 않을 거야, 하는 심술 맞은 마음인가. 알다가도 모르겠다.

이전에 과천의 국립현대미술관에서 진행된 '이건희 컬렉션'을 보러 갔었다. 이 전시의 원제는 '모네와 피카소, 파리의 아름다운 순간들'이었는데 워낙 이름이 길다 보니 많은 이들은 그저 '이건희 서양화전'으로 불렀다. 그러나 정작 이 전시에 서양화, 그러니까 그림은 몇 점 되지 않았다. 고갱, 르누아르, 피사로, 미로, 달리, 모네, 샤갈의 그림이 각각 1점씩 해서 총 7점뿐이었고 심지어 피카소 것은 그림 대신 도자기만 있었다.

피카소는 기네스북에 오를 만큼 다작을 한 작가이고 그 장르 또한 매우 다양하다. 말년에는 도자기 작업을 아주 많이 했기 때문에 그간 국내에서 만날 수 있었던 피카소 전시에 도자기가 때로 오는 일도 아주 흔했다. 다만 기존 전시에서 피카소의 도자기들을 봤을 때 나의 감상은 '잘하지도 못하는 걸 왜 이리 많이 했지?'에 그치고 말았던 게 사실이다. '워낙 대여료가 비싸서 그림을 못 가져오니 물텀벙이처럼 생긴 허접한 도자기만 잔뜩 가져와 작품 수만 채운 거겠지? 입장료 아깝다!'는 생각이 들 때도 솔직히 꽤 많았다.

그런데 이번에 공개된 도자기를 보니 '피카소 원래 이렇게 도자기 잘하는 사람이었어?' 하는 일종의 패닉이 찾아왔다. 형태 자체부터 피카소가 잡은 것도 있고 형태는 근처 공방에서 만들어와 디테일만 꾸민 것도 있었는데 뭐가 됐든 그간의 전시에서 봤던 것들과 레벨이 달랐달까. 어쩌면 이런 것들, 돈이 될 것들은 이미 다 거래가 끝나 누군가의 집으로 가버렸고 그렇지 못한 것들만 미술관에 남아 전시를 통해 공개되었던 게 아닐까 하는 생각이 들었다. 이번 전시에 공개된 피카소의 도자기 90점은 하나같이 전부 다 예뻤다. 이 이야기를 남편에게 했더니 "찌그러진 멍게 같은 도자기도 좋다고 줄을 서서 보러 다니는 보통 사람들을 지켜보며 회장님은 귀여운 비둘기 접시에 진미채를 담아 먹었겠네. 어떤 기분이었을까?"라고 해서 한 번 더 아득해졌다.

내가 하나뿐인 똔뚜를 몰래 꺼내 쓰고 금이야 옥이야 하며 조심스레 닦아 다시금 깊숙한 곳에 감춰두는 지금 이 순간에도 누군가의 품 안에는 똔뚜가 10개씩, 20개씩 쌓여있을지도 모른다. 그 수많은 똔뚜 중 하나는 강아지 물그릇으로, 또 하나는 책상 위 연필꽂이로 쓸지도 모를 일이다. 상태가 좋지도 않은 물건을 프리미엄에 프리미엄을 얹은 가격으로 덜덜 떨며 사는 사람들을 뒤로한 채. 세상이란 그렇게나 불공평하다. 하지만 불공평의 정점에 올라있던 회장님조차도 갈 때는 모든 물건을 내려놓고 갔다. 세상이 불공평한 가운데, 허무는 공평하게 찾아온다. 나는 자꾸만 헤밍웨이의 단편 《깨끗하고 불빛 환한 곳》에서 중년 웨이터가 중얼거렸던 기도문이 떠올라서 울고 싶어졌다.

Nada에 계신 우리의 Nada님,

당신의 이름으로 Nada해지시고, 당신의 왕국이 Nada하소서.

하늘에서 Nada하셨던 것과 같이 땅에서도 Nada하소서.

우리에게 일용할 Nada를 주시고,

우리가 우리에게 Nada한 것을 Nada하게 한 것과 같이 우리의 Nada를 Nada하게 해주소서.

우리를 Nada에 들지 말게 하시고, 다만 Nada에서 구하소서……

---

*Nada : '허무'를 뜻하는 스페인어. 헤밍웨이의 《깨끗하고 불빛 환한 곳》에서 중년 웨이터는 성스러운 단어들을 모두 Nada로 대체한 이상한 기도문을 읊조린다.

덧붙이는 말 헤밍웨이는 《노인과 바다》, 《누구를 위하여 종은 울리나》 등의 장편 소설로 잘 알려진 작가지만 나는 사실 헤밍웨이의 단편 소설들을 더 좋아한다. 《깨끗하고 불빛 환한 곳》 외에도 《킬리만자로의 눈》, 《빗 속의 고양이》 등을 인상적으로 읽었다. 《깨끗하고 불빛 환한 곳》에는 술잔이, 《킬리만자로의 눈》에는 주전자와 커피잔이 등장하고 《빗 속의 고양이》에서는 은식기가 언급된다. 이 단편 소설들 안에서 그릇들은 때로는 가벼운, 때로는 무거운 의미를 품고 있는데 누가 그릇 덕후 아니랄까 봐 내 눈에는 처음부터 그런 장치들만 보였다.

헤밍웨이는 '하드 보일드(Hard-boiled)의 대가'로도 불리는데 '하드 보일드'란 전쟁, 죽음, 무력감 등 어둡고 암울한 주제를 복잡한 감정 묘사 없이 건조하고 담담하게 표현하는 것이라 볼 수 있다. 하지만 헤밍웨이식 담담함은 그 문체가 담담하다는 것일 뿐, 그 세계 안의 인물들은 다들 체념을 모른다. 헤밍웨이가 창조한 인물들은 고요히, 하지만 치열하게 끝까지 싸우는 존재들이다. 《노인과 바다》에는 "인간은 파괴될 순 있지만 패배하지는 않는다."는 대사가 나온다. 이 대사처럼 《깨끗하고 불빛 환한 곳》의 노인과 웨이터도, 《노인과 바다》의 노인도 주어진 상황에 물러서지 않고 끝까지 싸운다. 나는 인간의 품위가 바로 이 지점에 있다고 생각한다.

220개의 일회용 컵
나의 텀블러

생활이 달라지면 사용하는 물건도 달라진다. 나는 본격 운동을 시작하고 따끈한 물을 하루에 2~3리터씩 챙겨 마시는 사람이 된 관계로, 이전에는 거들떠보지도 않았던 텀블러를 항상 가지고 다니는 사람이 되었다. 사실 텀블러라는 물건 자체를 좋아하지는 않는데 매일 같이 가지고 다니면서 은근슬쩍 애착 물건이 되어버렸달까. 아니지, 매일 들고만 다닐 뿐 나는 이 물건을 사랑하는 정도까지는 아니니 애착 물건이라는 표현은 적절하지 않다. 착붙 물건 정도가 적당할지도. 좋으나 싫으나 어쩔 도리 없이 강제로 데리고 다녀야 하는 물건이라는 의미다.

요즘 인기인들이 쓴다는 텀블러에는 손잡이에 빨대는 물론이고 '#텀꾸'를 필두로 하여 주렁주렁 매다는 액세서리까지 있는 것 같지만 내 텀블러는 스테인리스 깡통 스타일. 그저 심플하다. 나에게 있어 가장 중요한 건 밀폐력이다. 가방 속에 아무렇게나 던져넣고 들고 다니는 와중에 대참사가 일어나지 않으려면 완전 밀폐가 되는 물건이어야 한다. 오늘 담은 커피가 내일까지 따뜻하다거나 오늘 넣은 얼음이 내일까지 있어야 한다거나 하는 수준의 보온·보냉력에는 별 관심이 없다. 뜨거운 물은 식는 것이, 얼음은 녹는 것이 자연스러운 일이라고 생각한다. 나는 미적지근한 커피와 술, 물과 우유 등을 모두 모두 좋아하는 사람이다.

그럴 거면 텀블러가 아니라 간단하게 물병을 쓰면 되지 않냐고 생각할 수도 있다. 보온·보냉에 큰 의의를 부여하지 않는다면, 뚜껑을 완벽하게 꽉 잠글 수 있는 건 역시 물병이니까. 아닌 게 아니라 물병은 바로 그 뚜껑이 문제다. 매번 뚜껑을 돌려 여닫는 게 정말 귀찮다. 게다가 빨대를 꽂고 쓰기에는 입구 크기가 크다 보니 불편한 면이 있다. 원터치로 입구를 여닫을 수 있으면서도 입구의 구멍이 작아 빨대를 안정적으로 잡아주며, 하물며 넘어지더라도 내용물이 순식간에 콸콸 쏟아지는 사태를 막아줄 수 있는 그런 물건. 차가운 음료를 담았을 때 외부에 결로 현상이 생기지 않을 것(결로가 생기는 순간 가방 안의 물건들은 우글쭈글 물난리가 난다. 특히 책이 우글쭈글해지면 그 책은 절대 원복시킬 수가 없다. 최악이다) 등을 생각하면 물병은 안된다. 역시 텀블러가 답이다.

내 텀블러는 500ml짜리다. 내 기준에는 이 정도 용량이 딱 좋다. 티백을 한 개 넣기에도 적절하다. 용량이 너무 작으면 차가 너무 진해져 속쓰림을 유발하고 용량이 너무 크면 티백을 2~3개씩 넣어야 해 낭비가 심하다. 작은 텀블러는 너무 자주 물을 채우러 왔다 갔다 해야 해 사무실에서 눈치가 보이고 큰 녀석은 휴대하기가 어렵다는 좀 더 본질적인 문제도 있다. 게다가 500ml라는 딱 떨어지는 용량은 내가 오늘 물을 얼마나 마셨는지 계산하기에도 쉽다. 두 번 마시면 1리터, 네 번 마시면 2리터. 이 얼마나 직관적인가. 커피도 1리터씩 마시는 시대여서 그런지 텀블러의 용량도 점점 커지고 있다고 들었는데 작은 용량의 물건도 계속 생산되어 줬으면 한다.

이렇게 예찬을 늘어놓으면서도 나의 착붙 텀블러를 사랑하는 정도까진 아니라고 주장하는 데에는 나름의 타당한 이유가 있다. 씻기가 너무 힘들다! 길쭉한 몸통 안에 수세미를 넣어 내 성에 찰 때까지 박박 문지르는 일도 힘들고 아기들 젖병 닦는 길쭉한 솔로 닦자니 왠지 제대로 안 되는 것 같다. 하지만 어쩌겠는가. 나는 지속해서 이 물건을 써야 하는 상황이니 최선을 다해 좁아터진 텀블러 안에서 손을 놀려볼 뿐이다.

일회용품의 사용을 줄인다는 측면에서 텀블러가 점점 더 많은 관심을 받는 것 같긴 하다. 2000년대 초반부터 시작되어 이미 일상 용어로 자리를 잡은 '제로 웨이스트'의 대표주자가 바로 텀블러니까. 하지만 환경을 보호하고자

'친환경' 제품을 구매하고 사용하는 행위가 환경에 더 악영향을 끼칠 수 있다는 리바운드 효과(본래 리바운드 효과 rebound effect는 선의로 시작한 선택이 본래 목적과는 다른 결과를 낳는 것을 뜻하는 말이지만 환경적인 측면에서도 많이 언급된다) 또한 고민해 봐야 할 지점이다. '친환경'은 어떤 물건을 생산하고 폐기하는데 드는 전체 환경 비용을 계산하여 가늠할 수 있는데, 한국기후환경네트워크에 따르면 텀블러를 제작하는 과정에서 발생하는 온실가스는 종이컵이나 플라스틱 컵의 30배에 달한다고 한다. 이 때문에 영국 환경청에서는 한 개의 텀블러를 최소 220번(텀블러의 재질에 따라 이 횟수에도 차이가 있다. 플라스틱이나 세라믹 텀블러보다 스테인리스 텀블러의 경우 훨씬 많이 사용해야 이 계산이 맞아진다)은 사용해야 일회용 컵을 대체하는 친환경 효과가 있다고 발표하기도 했다. 220번을 사용하지 못할 거라면 차라리 그냥 일회용 컵을 220개 쓰는 게 더 낫다는 소리다. 일회용 컵 220개라니, 말이 220개지 그걸 한 줄로 쌓아 탑을 쌓는다고 생각하면 어마어마한 높이가 될 터다. 환경적인 측면에 있어 텀블러로 본전을 뽑기는 그만큼 쉽지 않다.

    나는 내 텀블러를 220번은 물론이고 이미 2,200번도 넘게 사용한 것 같아 이런 부분에서는 당당할 수 있겠지만 그릇장 안에 꽉 찬 컵들과 접시들을 보면 할 말이 없어지는 건 사실이다. 온실가스라는 게 텀블러를 만들 때만 발생하는 건 아니니까. 그렇다고 이걸 이유 없이 몽땅 내다 버릴 수도 없는 노릇 아닌가! 멀쩡한 물건을 폐기하는 것도 환경에 결코 긍정적인 영향을 주지는 않으니까. 따라서 이미 생산된 물건, 이미 소유하고 있는 물건에 있어서는 최대한 조심조심 아껴가며 오래오래 쓰는 것만이 바람직한 방향인 것 같다.

일단은 새로운 그릇을 그만 사들여야 하는데, 싶다가도 한편으론 내가 사지 않는다고 해도 이미 너무 많은 그릇이 생산되고 있는 것 같기도 하고. 다른 덕후도 아닌 그릇 덕후가 이런 말을 하는 게 우스운 것 같기도 하고.

좋아하는 것이 많다는 것

앤슬리 브램블리햇지

그릇에 취미가 있는 것과 별개로 나는 온라인 그림책 모임인 '코이북살롱'의 운영자이기도 하다. 함께 읽고 이야기 나눌 그림책을 비롯하여 좋은 그림책은 세상에 너무 많지만, 그림책을 보는 어른들은 여전히 흔치 않기 때문에 매 기수 모객을 하는 것이 가장 힘든 일인데, 그럼에도 이런 어려움을 감수하는 것은 역시나 내가 그림책을 좋아하기 때문이다.

난데없이 웬 그림책 얘기냐고 묻는다면 세상에 존재하는 그릇 중에는 그림책을 소재로 한 것도 있다고 말하고 싶어서다. 그중 대표적인 것이 바로 브램블리 헷지(Brambly Hedge) 시리즈다. 질 바클렘(Jill Barklem)의 그림책 《찔레꽃 울타리》 시리즈 속 삽화를 컵과 접시, 티 팟 등에 빼곡히 활용했다. 들쥐 가족을 주인공으로 하는 《찔레꽃 울타리》 시리즈 안에는 대표적으로 '봄 이야기', '여름 이야기', '가을 이야기', '겨울 이야기'가 있기에 찻잔과 소서, 그리고 디저트 접시 역시도 각각 한 계절씩 총 4종을 전부 모아야 한 세트를 갖췄다고 할 수 있다.

브램블리 헷지 라인은 예전에 로열 달튼(Royal Doulton)에서 나오다가 단종되어 이제는 빈티지로만 구할 수 있다. 하지만 다행히도 요즘 이 제품이 앤슬리

(Aynsley)에서 복각되어 다시 나오고 있다. 앤슬리 물건은 지금도 백화점이나 온라인에서 쉽게 구할 수 있다. 무려 홈쇼핑에서 판매한 적도 있다. 심지어 이때는 원서 그림책도 한 권씩 랜덤으로 끼워 팔았다. 그릇 속 계절은 4계절인데 빠진 이처럼 책은 한 권만 덜렁 온다는 점과 4계절 중 어떤 계절의 책이 올지 알 수 없었던 게 흠이라면 흠이었다. 내가 받은 책은 겨울 버전이었다.

    양쪽 물건은 생긴 모양 자체는 굉장히 유사하다. 복각본이니 당연하다. 다만 이 라인이 로열 달튼에서 앤슬리로 넘어가면서 생산지가 영국에서 태국으로 바뀌었고 이후 프린트의 색감은 확연히 달라졌다. 영국산은 투명하고 맑은 수채화 색감이고 태국산은 쨍하고 진한 유화 색감에 가깝다. 어느 쪽을 좋아할지는 개인 취향에 달린 문제다. 개인적으로는 영국 쪽 색감에 더 마음이 기우는 데 문제는 영국산은 그릇 자체의 품질이 나쁘다는 것이다. 컵 안쪽의 그림이 제대로 안 붙어있다든지, 컵이나 티 팟의 손잡이가 삐딱하게 붙었다든지, 소서가 균형이 맞지 않는다든지, 유약이 발린 상태가 엉망이라든지. 그 시절의 섬세하지 못했던 기술력과 엉망진창 품질 관리의 콜라보랄까. 재미있는 것은 만듦새가 엉망인 시절에 생산된 물건의 색감이 가장 아름답다는 것이다. 그렇지만 만듦새가 어떻든지 간에 오리지널을 좋아하는 사람들은 로열 달튼의 물건에 더 큰 의미를 부여할 것이다. 만듦새가 준수하든 아니든 그런 것은 어쩌면 그다지 중요하지 않을 수도 있다.

내 기준, 《찔레꽃 울타리》는 줄거리보다도 장면 하나하나가 더 기억에 남는 책이다. 어찌나 정성스럽게 구석구석을 표현했는지! 5년이 넘도록 이어진 작가의 세밀한 연구와 관찰 끝에, 엄청나게 많은 습작을 남긴 끝에 완성된 그림책은 절로 감탄을 자아낸다. 들쥐들의 부엌, 침실, 욕실, 창고 등을 빼곡히 채운 정교한 소품과 다양한 먹거리, 그리고 계절감이 돋보이는 자연 풍경에 대한 묘사가 얼마나 리얼한지 일종의 강박으로 보일 정도다. 그도 그럴 것이, 질 바클렘은 그림 속에 등장하는 여러 소품을 실제로 미니어처로 만들어본 후에야 그림으로 옮겼다고 한다. 웬만한 열정으로는 힘든 일일 것이다.

1980년 영국에서 처음 출간된 이래 전 세계 13개 언어로 번역 출간되어, 3백만 부 이상 팔렸다는 이 시리즈는 서정적이고 따스한 분위기로 영국 시골 정원의 정경을 표현했다는 점, 작은 동물들을 의인화했다는 점 등에서 얼핏 베아트릭스 포터(Beatrix Potter)의 《피터 래빗》과도 유사해 보이지만 사실 둘 사이엔 무려 100년의 텀이 있다. 다시 말해, 《찔레꽃 울타리》는 생각보다 요즘 작품이라 로열 달튼의 빈티지라 해도 생각만큼 오래되지는 않았다. 1980년대생이니 기껏해야 30~40년 정도다. 자고 일어나면 유행이 바뀌는 시대에 30~40년은 영겁의 세월이나 다름없겠지만 빈티지의 세계에서 이 정도는 오래된 축에도 못 낀다. 하지만 나이가 젊은(?) 것에 비해 이 물건들의 가격대는 꽤 높은 편이다. 온기 넘치고 사랑스러운 동화적 감성에 반해 찾는 사람이 많아서이기도 하지만 여기엔 좀 더 본질적인 이유가 있다. 애당초 로열 달튼 쪽에서 이 물건을 생산할 때 품질 문제로 생산품 중 불량이 워낙 많아 정상 제품이 시중에 많이 풀리지 않은 것이 첫 번째 이유이고, 로얄 달튼이 웨지우드에 합병되고, 이후 웨지우드도 연달아 부도가 나면서 혼란한 시기에 품질 검사를 통과하지 않은 물건들이 대거 유출된 것이 두 번째 이유다. 양호한 제품을 찾기가 어려우니 가격이 높을 수밖에 없는 것이다.

대신 나는 홈쇼핑에서 마련한 앤슬리 버전, 그림의 색감이 선명하고 물건의 만듦새가 균일한 물건을 마음 놓고 덜그럭거리며 쓴다. 파손된 제품은 반값에 새것으로 재구매할 수 있게 해주겠다는 나름 파격적인 특약(?)도 있었던 것으로 기억한다.

누군가는 이 그릇들을 통해 《찔레꽃 울타리》와 질 바클렘이라는 작가를 처음으로 알게 되었을지도 모른다. 또 다른 누군가는 반대로 작품과 작가를 아는 덕에 이 그릇들의 존재를 알게 되었을 수도 있다. 닭이 먼저냐, 달걀이 먼저냐를 따지는 것이 크게 중요하지 않다 생각되는 건 어차피 닭을 알면 달걀을 알게 되고, 달걀을 알면 자연히 닭도 알게 된다고 생각해서다. 세상의 많은 부분은 은근슬쩍 이어져 있어 뭔가에 관심을 두고 좋아하다 보면 어느덧 그 관심의 범위가 야금야금 넓어진다. 그러다 보면 이날은 이것에 기대어 살고, 다른 날은 저것을 덕질하며 버틸 수 있게 되면서 내 하루하루가 그럭저럭 괜찮아진다. 좋아하는 것이 많다는 것은 그런 것이다.

책과 커피는 두말할 나위 없는 찰떡궁합이다. 내 취향에 맞는 커피잔에 맛있는 커피를 한 잔 따라 마시면서 책도 한 권 펼쳐보는 삶은 어떨지 감히 제안해 본다. 그렇게 그릇도 좋아하고 커피도 좋아하고 책도 좋아하는 사람이 되어가는 삶은 어떨지 감히 제안해 본다.

젖병의 세계
더블하트 유리 젖병

신생아실로 처음 아이를 보러 갔을 때의 기억이 지금도 생생하다. 주위의 모든 아이가 눈을 감고 자고 있는데 우리 아이만 혼자 눈을 말똥말똥 뜨고 목에 힘을 빳빳이 준 채 주위를 두리번거리고 있었다. 그때 나는 내가 대단한 천재를 낳았다고 생각했다. 하지만 이후 겪어보니 그건 천재의 탄생이 아니라 그저 잠이 없는 아이의 탄생이었다.

　잠이 없는 아이는 대개 잘 먹지도 않는다. 그도 그럴 것이 잘 먹어야 배가 든든하고 등이 따땃하니 잠이 오고, 중간에 깨지 않는다. 잠을 푹 자고 일어나야 입이 깔깔하지 않고 입맛이 돈다. 애당초 잘 자지 못하는 것은 예민하기 때문이기도 하니 이것은 먹는 문제에도 영향을 끼친다. 즉, 잘 자고 잘 먹는 것은 불가분의 관계라 할 수 있다.

　육아일기마냥 이런 이야기를 줄줄이 늘어놓는 이유는 바로 젖병 때문이다. 누군가 나에게 젖병도 그릇이냐 묻는다면 나는 확실히 그렇다고 답할 것이다. 젖병은 아이들의 주식이 담기는 용기이고 아이들의 유일한 그릇이니까.

　어린아이를 양육해 보지 않은 사람들은 '젖병이 다 그게 그거겠지' 정도로 생각할지도 모르지만, 젖병의 세계는 엄청나게 버라이어티하다. 디자인은 논외로 한다고 해도 일단 브랜드가 엄청나게 많고 한 브랜드 안에서도 소재가 다른 제품이 출시되기도 한다. 그리고 나는 조금 과장을 보태서, 세상에 출시된 모든 젖병을 다 써본 사람이다. 하지만 그건 나의 그릇 덕력 때문이 아니라 순전히 우리 아이의 기질 때문이었다.

아이가 잘 먹지 않는다며 고민을 토로하는 양육자들은 의외로 많다. 하지만 우리 아이는 그 수준이 달랐다. 젖병을 들고 오기만 해도 일단 울고 거부했다. 고개를 돌리거나 젖꼭지를 혀로 밀어내다 종국에는 발길질하고 그나마 한두 모금 먹은 것도 토해내곤 했다. 잘 먹지 않고 잘 자지 않으니 자주 아팠고, 병원에서는 매번 "아이가 너무 말랐네요. 잘 좀 먹이세요!" 하며 나를 타박했다. 그 즈음하여 아이와 젖병에도 궁합이 있다는 조언을 듣게 됐다. 무난한 성향의 보통 아이들은 젖병이 조금 불편해도 식욕이 그 불편함을 감수하게 하지만 예민한 아이들은 '차라리 굶고 말지' 하며 식사 자체를 거부할 수 있다는 것이다.

힘차게 빨아야만 나오는 젖병이 있고 기울이기만 해도 줄줄 흐르는 젖병이 있다. 공기가 잘 들어가는 젖병이 있고, 아닌 젖병이 있다. 먹는 동안 우유가 금세 식는 젖병이 있고 따뜻함이 좀 더 오래가는 젖병이 있다. 젖꼭지가 잘 흡착되게 만드는 젖병이 있고, 아닌 젖병이 있다. 젖병의 재질에 따라 미묘하게 냄새도 다르다. 또 젖병마다 호환되는 젖꼭지의 모양도 다 다르니 입에 닿는 느낌도 다를 테지. 어른의 측면에서 보자면, 눈금이 잘 보이는 젖병이 있고, 아닌 젖병이 있으며 열탕 소독, UV 소독이 가능한 젖병이 있고, 아닌 젖병이 있다. 무거운 젖병(무거워 봤자라고 생각할 수 있지만 손목이 아작난 상태에서는 무시하지 못할 무게다)이 있고 가벼운 젖병이 있다. 조리원에서 일괄적으로 사용하던 플라스틱(플라스틱이라고 해도 다 같은 플라스틱이 아니다. PP, PPSU, PA 등 소재마다 장단점이 판이하다) 젖병으로 시작해 일회용 비닐 젖병, 실리콘 젖병과 세라믹 젖병까지 돌고 돌아 세상 모든 젖병을 다 섭렵해 본 우리 아이의 종착역은 더블하트(DoubleHeart)의 유리 젖병이었다. 유리 젖병을 출시하는 브랜드가 꽤 많지만, 더블하트가 아닌 다른 것들은 모두 실패했다.

 유리 젖병의 특징은 명확하다. 오래 사용해도 착색이나 냄새 배임이 없고 소재 특유의 냄새도 없다. 열탕 소독과 UV 소독이 가능하고 환경 호르몬 등의 이슈에서도 안전하다. 대신 무겁고 비싸고 파손 위험이 있다. 지금 생각해 보면 아마도 후각이 굉장히 예민했던 게 아닌가 싶긴 하다. 그렇다면 수많은 유리 젖병 중 더블하트만의 특징은 뭘까, 그것은 아마 나는 영원히 알 수 없을 것이다.

그 당시 정말 많이 들었던 "굶기면 다 먹게 되어있어"라는 조언은 가장 듣기 싫었던 말이었다. 진짜 안 먹는 아이는 저혈당 상태가 될지언정 먹지 않는다. 안 먹는 아이를 챙겨보지 않은 사람들은 안 먹는 것으로 인한 스트레스가 어떤 것인지 결코 알지 못한다. 아이에게 우유를 먹일 때마다 온 가족이 다 아이 입만 바라보고 한숨을 쉬었다. 이게 잘못이라는 둥 저게 잘못이라는 둥 하며 어른 싸움이 된 적도 많았다. 때때로 우는 아이 입을 강제로 벌려 그 조그만 혀에 설탕을 찍어 바르면서 "먹어야 살아!"라고 외쳤던 나는 내내 우울증을 앓았다. 정수리 쪽 머리가 모두 빠졌다.

누군가는 세상에 왜 이렇게 많은 젖병이 필요하냐고, 이해할 수 없다고 말할지도 모른다. 하지만 그건 아이 엄마들이 유난스럽고 극성 맞아서가 아니라 순전히 다 아이들 때문이다. 작고 약한 아이에게 조금이라도 더 도움을 주고 싶어서, 그런데 젖병마다 그 도움의 포인트가 다르다 보니 어쩔 수 없이 세상에는 이토록 많은 젖병이 필요한 것이라고, 그것을 하나씩 겪어보면서 찾아나갈 수밖에 없는 아이도 있다고, 이제는 담담하게 말할 수 있게 되었다.

아이가 6살이 된 지금도 우리 집 그릇장 안에는 더블하트의 유리 젖병 2개가 남아 있다. 아이가 커 가면서 필요 없어진 물건들을 순차적으로 처분한 가운데, 이 젖병들은 끝내 떠나보내지 못했다. 눈금이 선명하고 한 손에 쥐기도 좋아 꽤 유용하다는 이유를 붙여, 나는 이 젖병 두 개를 종종 계량컵으로 쓴다.

저녁엔 아이가 곧잘 먹는 소고기 감자조림을 만들었다. 양조간장 100ml를 젖병에 계량하고 물과 함께 냄비 속 고기와 감자에 부어 바글바글 끓여 졸여 식탁에 올렸다. "맛있어요!"라 외치는 여전히 작은 그 입을 보며, 그 시절을 어떻게든 지나가게 해준 두 개의 유리 젖병에 새삼 감사의 인사를 전한다.

빈티지 그릇에 대한 Q&A

나는 예쁜 그릇이라면 다 좋아하는 사람이라 꼭 빈티지를 고집하는 것은 아니지만 그럼에도 그릇장 안에는 빈티지, 그중에서도 유럽 빈티지 그릇이 많긴 하다. 유럽 빈티지도 나라별로 특성이 제각각인데 독일과 북유럽 쪽 물건을 좋아하는 듯! 내 취향에는 이쪽 물건들이 더 맞는 편이다. 그간 빈티지 그릇들을 영입하면서 알음알음 알게 된 내용들에 대한 정리를 해보려고 한다. 이 책을 읽고 있을 누군가 중 빈티지 그릇에 관심이 있는 이가 있다면, 아래 내용들이 작게나마 도움이 될 듯하다.

하나. 빈티지 그릇, 대체 왜 이렇게 비싼가?

빈티지라는 표현은 마치 터무니없는 가격의 면죄부 같은 느낌이다. 컵 하나에 몇십만 원씩 부르면서 그 가격에 대한 근거라고는 '빈티지여서'가 전부니까. 감가상각에 의해 중고 물건의 가격은 점점 내려가는 데 반해 '빈티지'가 붙은 물건의 가격은 반대로 점점 올라간다는 점도 독특하다.

돈만 있으면 웬만한 물건은 다 그 즉시 가질 수 있는 세상에서 빈티지의 가장 큰 특징은 누구나 그런 식으로 쉬이 구할 수 있는 물건이 아니라는, 바로 그 희소성에 있다. 또한 그토록 오랜 세월을 통과해 왔음에도 여전히 요즘 사람들의 눈에도 예쁘다고 평가받는다는 점에서 세대를 넘나들며 꾸준히 읽히고 사랑받는 고전을 연상시키기도 한다. 세상 대부분의 물건이 유행의 파도를 심하게 탄다는 점을 생각해 보면 과거와 현재를 이어주는 빈티지의 특성은 마치 어른을 위한 동화를 연상시키기도 한다. 비싼 가격이 조금은 수긍 되는 지점이라 할 수 있겠다.

둘. 빈티지 그릇, 식기로 사용할 시에는 인체에 해로울 수 있다?

빈티지 그릇을 취급하는 바이어들의 상품 페이지에는 아래와 같은 문구가 꼭 달려있다.

> 이 제품은 장식용으로써 식품의 기구 또는 용기로 사용할 수 없으며 식품의 기구 또는 용기로 사용할 때는 인체에 해로울 수 있습니다.

문구의 정확한 표현은 바이어마다 다를 수 있지만 어쨌든 내용은 같다. 식기로 사용할 시 해로울 수 있다는 것이요지다.

분명히 해외에서 식기로 사용되던 물건을 구매한 건데,

식기로 사용할 시 인체에 해로울 수 있다니? 이게 대체 무슨 소린가, 사도 되는 물건이 맞나 싶을 수도 있겠다. 해외에서 잘 쓰던 제품이 국내에 배송됐다고 갑자기 해로운 제품이 되는 것은 당연히 아니다.

다만, 수입 제품의 경우 국내에 들여오려면 안전성 검사가 필수적이며 식기의 경우에는 식약처의 검사를 받아야 한다. 그런데 이 검사에 소비되는 비용과 시간 등이 만만치 않다. 게다가 빈티지 그릇의 경우에는 개개의 컨디션이 다 제각각이라 샘플 검사가 아닌 전수 검사로 수행되어야 하는 상황. 그런데 '장식품'으로 수입하면 이 검사를 받지 않아도 되기 때문에 대부분의 빈티지 식기는 '장식품'으로 수입이 진행된다. '장식품'의 경우 검사 대상이 아닌 대신, 관련 법령에 따라 필수적으로 소비자에게 위 내용을 알려야 해 저런 문구가 달린다고 이해하면 된다.

한 줄 요약. 빈티지 그릇은 해외에서 멀쩡히 잘 사용되던 제품으로 대부분 실사용에는 문제가 없다. 단, 식약처 검사를 통과하지 않았다는 점은 기억하자.

셋. 빈티지 그릇, 씻는 방법이 따로 있다고?
누가 썼는지 모르는 그릇을 실제로 사용하기는 찜찜한

게 인지상정. 때문에 깨끗이 씻어야 한다고 생각할 수도 있다. 식기 세척기로 돌리거나, 끓는 물로 열탕 소독을 한다거나, 구연산이나 베이킹 소다 등을 써서 박박 씻는다거나.

하지만 고온의 물은 유약을 지우는 역할을 한다. 이미 오랜 세월을 거치며 가뜩이나 유약이 어느 정도 날아간 물건에 끓는 물을 끼얹는 것은 불 난 집에 기름을 붓는 격이다. 유약이 지워진 컵은 내외부 프린팅이 날아가는 것은 물론이고 이후 오염에도 더 취약해질 수 있으며 미세 흠집이나 빙열이 더 심해질 수도 있다. 구연산이나 베이킹 소다도 마찬가지다.

빈티지 그릇의 세척은 미온수에 식기 전용 세제를 풀어 부드러운 스펀지로 부드럽게 닦아주면 그것으로 충분하다.

넷. 빈티지(Vintage)와 앤티크(Antique)는 같은 말인가, 다른 말인가.

빈티지와 앤티크는 둘 다 오래된 물건을 지칭할 때 사용하는 표현이다. 그렇지만 이 둘은 동의어는 아니다. 일단 어감이 좀 다른 느낌이 있달까. 내 경우 '앤티크'하면 뭔가 로코코스러운, 고상하고 화려한 마리 앙투아네트가 떠오르고 '빈티지'라 하면 찢어진 청바지 같은, 좀 더 모던하고 자유로운 이미지가 떠오른다.

'빈티지'는 본래 와인에서 비롯된 단어다. 와인을 생산한, 좀 더 정확히는 포도를 수확한 연도를 의미하는 단어였지만 지금은 패션이나 디자인 등 좀 더 다양한 범위에서 빈티지라는 표현이 곧잘 쓰이며 이런 경우에는 특정 연도를 의미한다기보단 오래되었다는, 좀 더 큼지막한 의미로 쓰이는 것 같다.

단어의 의미는 그렇다 치고 실제로 빈티지와 앤티크에는 어떤 차이가 있을까? 미국 세관의 기준에 따르면 오래된 물건 중에서도 생산 시기가 지금으로부터 100년보다 더 이전인 물건들은 앤티크, 그 이후의 물건들은 빈티지로 구분한다. 그렇지만 이건 세관의 기준일 뿐이고 실생활에서는 다른 기준으로 쓰이는 경향도 있긴 하다. 99년까진 빈티지, 100년부턴 앤티크라고 갑자기 바꾸어 부르는 것도 이상한 일이거니와 어떤 물건의 생산 연도를 매번 명확하게 파악하기는 힘들기도 하니까. 따라서 빈티지든 앤티크든 오랫동안 전해지는 가치에 의미를 부여하는 표현이라는 점을 기억해 두는 것이 더 유의미할 것 같다.

에필로그

당신에게 위로가 되는 것

하나둘 사들이기 시작한 그릇들이 점점 쌓이면서 나는 가끔 3,000켤레에 달했다는 이멜다의 구두를 떠올리곤 한다. 2003년 제작된 다큐멘터리 〈이멜다〉에는 "이멜다가 8년간 매일 구두를 갈아 신었으며 단 하루도 같은 구두를 신은 적이 없었다"는 내용이 나온다. 이멜다가 소장하고 있던 3,000켤레의 명품 구두는 현재 필리핀 마닐라국립박물관과 마리키나의 신발박물관이 나누어 소장하고 있다고 한다. 나는 이 3,000켤레의 구두가 대통령 궁의 방 한 칸을 빼곡히 채운 옛 사진을 본다. 그 시절의 사진을 들여다보며 소유와 집착은 어떤 차이가 있고 누군가의 삶에 대체 어떤 의미가 되는지를 생각한다.

물론 내 그릇들은 이멜다의 구두에는 댈 것도 못 된다. 명품도 아니거니와 수량도 훨씬 적다. 하지만 내 그릇들은 이멜다의 구두보다 훨씬 떳떳한 물건들이다. 이멜다는 그 모든 구두를 필리핀 국민의 보혈을 빨아 취득했지만 내 그릇들은 전부 내 수명을 깎아 번 돈으로 사들인 것들이다.

나는 누구에게나 위로가 되는 것이 최소한 한 가지는 있어야 그것에 기대어 힘든 시간을 그럭저럭 버텨낼 수 있다고 생각한다. 누군가가 나에게 사람은 무엇으로 사는

가, 묻는다면 나는 사람은 위로로 산다고 하겠다. 물론 무엇이 나에게 위로가 되는지는 나 스스로 찾아야 한다.

그런 면에서 나는 아주 운이 좋은 사람이다. 나는 나에게 위로가 되는 것들을 아주 많이 찾았다. 그중 하나가 바로 그릇이다. 내 취향에 맞는 그릇을 발견했을 때 두근두근하고 손발이 따뜻해진다. 그것을 실제로 사용할 때는 뱃속이 간질간질하다. 행여 대참사가 벌어질까 조심스레 설거지할 때는 가슴이 쪼그라드는 것만 같다. 남몰래 보물 상자를 열어보는 기분으로 고요한 새벽에 우리 집 그릇장 문을 살며시 열고 차곡차곡 정리해 둔 그릇들을 들여다보는 일도 큰 기쁨이다.

돌아보면 물건은 결국 추억이 아닐까 한다. 이 물건을 발견하고 내 것으로 만드는 과정에서, 사용하는 과정에서, 혹은 처분하는 과정에서 있었던 일들, 관련하여 누군가와 나눴던 대화들은 전부 추억이고 이야깃거리다. 지금 당장 우리 집 그릇장을 열고 아무 그릇이나 꺼내 그 그릇에 얽힌 썰을 푸는 무작위 그릇 토크를 한다면 나는 아마 밤새도록도 할 수 있을 것 같다. 하나하나 관심과 애정을 쏟아 고른 물건, 그런 물건이 가득한 그릇장은 사랑이 가득한 보물 상자가 맞는 것 같다.

지금 이 책을 읽고 있는 당신은 어떤 컵을 사용하는지, 어떤 접시를 사용하는지 궁금하다. 아니, 꼭 컵과 접시가 아니어도 상관없다. 나는 당신에게 위로가 되는 것이 무엇인지 알고 싶다. 혹여 지금까지 위로가 되는 존재를 찾지 못했다면 부엌 구석에 자리 잡은 투박한 머그잔에라도 기대어보기를, 그렇게 조금씩 위로가 되는 존재를 찾아나갔으면 좋겠다. 타인들이 동경할 만한 대단한 꿈, 어디 내놔도 부러움을 살 멋진 반려자, SNS에 자랑하고 싶은 대단한 물건만이 우리의 삶에 위로가 되는 존재가 될 수 있는 것은 아니니까.

나의 이야기들을 한 권의 책으로 묶는 과정에서, 그릇과 유사하게 부엌에 자리를 잡고 있지만 사실은 그릇이 아닌 물건, 예를 들면 주방 가위나 타이머, 도마와 칼 등에 대한 이야기는 고심 끝에 제외가 되었다. 언젠가는 그것들에 관한 이야기도 함께 할 수 있기를 바라며.

2024년의 끝자락,
부단히도 추운 어느 겨울날, 어떤 골방에서
길정현

내가 좋아하는 것들, 그릇

초판 1쇄 발행 | 2025년 5월 7일

글, 사진	김정현
펴낸이	이정하
표지그림	변예경
디자인	원스프

펴낸곳	스토리닷
주소	서울시 서초구 방배동 593-3 301호
전화	010-8936-6618
팩스	0505-116-6618
ISBN	979-11-88613-56-4 (03810)

홈페이지	blog.naver.com/storydot
인스타그램	@storydot
전자우편	storydot@naver.com
출판등록	2013. 09. 12 제2013-000162

© 김정현, 2025

이 책에 실린 내용 일부나 전부를 다른 곳에 쓰려면
반드시 저작권자와 스토리닷 모두한테서 동의를 받아야 합니다.

스토리닷은 독자 여러분과 함께합니다.
책에 대한 의견이나 출간에 관심 있으신 분은 언제라도 연락주세요. 반갑게 맞이하겠습니다.

《내가 좋아하는 것들, 그릇》 알라딘 북펀딩에 참여해 주신 분들께 다시 한번 감사드립니다.

Ariadne	박상희	이경화
Grace	박윤미	이민희
Heysu	박의성	이보현
lwk	박정림	이서연
zrabbit	박정빈	이선준
고시현	박지연	이윤정
김건호	백송이	이은영
김광산	백정숙	이정희
김다은	브로	이지영
김루아	손유현	임수연
김리연	송은리	임윤정
김순주	송은주	장조오
김은경	수현	전영숙
김재경	신우진	정승인
김주아	쓴도쿠최동희	정영란
김지원	아트플레이트	조혜진
꽃돌언니	양영희	진진
꽃이다건	여행자 마르가리타	책방꽃방
나무곁에서서	예린예나	천미진
낭만여행자(김민정)	예은예진요셉맘향미	파란놀
다이스키	오늘책상	하다 영선
두영웅	오정선	한희정
떵북	오정해	해적왕지민준
메이지	유리강연정	홍미나
믈처럼	윤남귀	휴민